Die

Dresdener Conferenzen.

Mit Urkunden.

Zweite Auflage.

Berlin.
Verlag von Veit und Comp.
1851.

Die
Dresdener Conferenzen.

Mit Urkunden.

Zweite Auflage.

Berlin.
Verlag von Veit und Comp.
1851.

Die große Krise, in welche Preußen und mit ihm das übrige Deutschland auf's Neue versetzt ist, eine gefährlichere als es im November des vorigen Jahres zu bestehen hatte, haben die nachstehenden Blätter ins Leben gerufen. Das Wesentliche von demjenigen, was in Dresden vorgegangen ist, ist schon durch die deutsche Presse und namentlich durch die preußischen Regierungsblätter veröffentlicht worden, indeß so vermischt mit einer Menge von Unrichtigkeiten und so sehr ohne Hervorhebung der Punkte, auf welche Alles ankommt, daß eine einfache und getreue Darstellung des Systems, wodurch man der bisherigen Machtstellung Preußens ein Ende zu machen hofft, zur Pflicht wird.

Wir haben keine persönlichen Ursachen der Abneigung gegen denjenigen Staatsmann, der Preußen die Wege geführt hat und noch führt, auf denen es dem Untergange entgegengeht. Wir haben selbst Thatsachen, welche im Stande sein würden, auf die allgemeine Befähigung desselben ein zweifelhaftes Licht zu werfen, wenn sie nicht unmittelbar den vorliegenden Gegenstand betrafen, zurückgehalten.

Wir haben ebensowenig ein Interesse daran, ob die eine oder die andere der Parteien, in welche die Kammern sich

1*

jetzt spalten, die Oberhand gewinne; uns liegen die untergeordneten Streitigkeiten, welche jetzt das allgemeine Interesse in Anspruch nehmen, fern.

Am Herzen liegt uns aber die Erhaltung und die Macht Preußens. Am Herzen liegt uns die Frage, ob die Monarchie Friedrich des Großen durch eine Politik ruinirt werden soll, welche sie noch directer dem Abgrund zuführt, als es die der Lombards und Haugwitz gethan?

I.

Die deutsche Frage.

Die deutsche Verfassungsfrage ist weit weniger eine constitutionelle als eine internationale Frage. Der Irrthum hierüber hat wesentlich dazu beigetragen, die Hoffnungen scheitern zu machen, welche so Viele an das frankfurter Parlament knüpften. Die deutschen Staaten haben bei Weitem mehr Aehnlichkeit mit den übrigen europäischen Staaten, als mit Provinzen Eines Staates oder mit den Staaten einer bundesstaatlichen Union.

Es handelt sich in der deutschen Frage nicht um die Rechte der Einzelnen, nicht um bürgerliche Freiheit, nicht um Verfassungsformen: sie ist eine reine Machtfrage. Es ist die Frage, wie die deutschen Staaten in ein solches Verhältniß zu einander gebracht werden, daß sie geeignet sind, sich in der kräftigsten Weise gegen auswärtige Feinde zu vertheidigen und solche Bedürfnisse der Einzelnen zu befriedigen, welche in kleinen Staaten nicht erreicht werden können.

So lange es eine Geschichte gibt, ist nur in Deutschland in Zweifel gezogen, daß eine enge Aneinanderschließung der Theile eines Volks Kraft nach Außen und freie und friedliche Entwickelung der dem Menschen von Gott gegebenen Eigenschaften Kraft im Innern der Staaten gewährt. Und doch hat die

Geschichte keines Volks überzeugendere Beweise für die Richtigkeit dieser Ansicht geboten, als die des deutschen Volks, dessen nationale und politische Grenzen stets zurückgeschoben worden sind, das ganz und theilweise schon oft von den Nachbarvölkern unterworfen, dessen Territorium stets der Schauplatz auswärtiger und innerer Kriege war, dessen Handel, Schifffahrt und Gewerbfleiß entweder in der Hand der Fremden liegen oder von ihrer Willkür abhängen, welches endlich seit einem Jahrzehnt einem Zersetzungsprozeß anheimgefallen ist, dessen Ursprung mehr in nationalen als in inneren Verhältnissen zu suchen ist.

Für die Lösung der deutschen Frage bedarf es vor Allem der Anerkennung einer unumstößlichen Thatsache: es gibt in Deutschland nur zwei Staaten, welche im Stande sind, ihren Staatsbürgern Schutz gegen jeden europäischen Feind und die Vortheile eines großen Staats zu gewähren. Von den übrigen Staaten sind selbst die größten nach ihrer Einwohnerzahl und nach ihrer Lage nicht im Stande, sich gegen einen irgend bedeutenden auswärtigen Feind zu schützen. Sie sind darauf angewiesen, entweder bei einer der beiden deutschen Großmächte, oder bei dem Auslande den Schutz zu suchen, welchen sie selbst nicht gewähren können.

Die größern unter den Kleinstaaten Deutschlands sind vom Auslande gegen die beiden deutschen Großmächte geschaffen. Ihre Größe erlaubt ihnen in ruhigen Zeiten, sich an einen andern Staat nicht anzuschließen; die Souverainetät, welche ihnen 1806 nominell und 1815 wirklich zu Theil wurde, noch mehr der königliche Titel treibt ihre Regierungen zu einer sogenannten selbständigen Politik, deren Hauptziel ist, die Zersplitterung Deutschlands zu bewahren. Schon die Existenz dieser Staaten schwächt die Macht Deutschlands im Interesse des Auslandes.

Die kleineren Staaten unter den kleinen müssen sich zum größten Theil schon ihrer Lage nach an eine der beiden Großmächte anschließen, selbst in friedlichen Zeiten, wie vielmehr in Kriegen. Sie haben nie auf eine selbständige Politik Anspruch gemacht und sind für die beiden Großmächte und die Nation ebenso sehr ein Gegengewicht gegen die Selbständigkeitssucht der „königlichen Staaten", als für diese ein Gegenstand der Arrondirungssucht. Die dauernde Vereinigung der beiden Großmächte unter einer einzigen Staatsgewalt, so wünschenswerth sie vielleicht an sich wäre, ist doch als eine Unmöglichkeit zu betrachten. Vielfache Verschiedenheiten und am meisten die Verschiedenheit der Culturstufe und der historischen Erinnerungen — machen diese Vereinigung zu einer ideologischen Abstraction.

Ohne Gedankensprünge und ohne die willkürliche Voraussetzung ungeheuerer Ereignisse läßt sich die Auflösung Preußens und Oesterreichs nicht zur Voraussetzung einer politischen Berechnung machen. Die Existenz dieser beiden Staaten ist eine unumstößliche Thatsache. Weil sie ihren Staatsbürgern Schutz und einen größeren Wirkungskreis gewähren können, bilden eben nur sie dasjenige Deutschland, dessen Existenz gesichert ist und dessen Existenz auch allein für die deutsche Nation einen Werth hat. Denn von ihrer Existenz hängt, wie schon der Freiherr v. Stein sagte, die Fortdauer des deutschen Namens ab.

Der einzige Weg der Genesung Deutschlands ist, daß die Kraft der beiden Großmächte oder einer von beiden verstärkt, daß namentlich die ihnen ihrer Natur nach feindlichen Existenzen in ihnen absorbirt werden.

Wenn die deutschen Kleinstaaten sich einer der beiden Großmächte sämmtlich anschließen, so würde selbst eine Theilung Deutschlands in gleiche Hälften noch ein Gewinn für die Nation sein.

Die natürlichen Verhältnisse weisen indeß auf eine Verbindung der sämmtlichen übrigen Staaten mit Preußen hin. Sie stehen auf derselben Culturstufe nicht mit Oesterreich, sondern mit Preußen, der größte Theil von ihnen bildet seiner geographischen Lage nach nur ein Complement des preußischen Gebietes. Ueberdies repräsentirt Preußen schon jetzt im Grunde das ganze Deutschland, indem es mit Ausnahme des auch Oesterreich bewohnenden baierischen Stammes alle deutschen Völkerstämme, und zugleich die beiden großen Confessionsgemeinschaften umschließt, in welche sich Deutschland gespalten hat.

Die Verbindung der Kleinstaaten mit Preußen wurde in der That auch schon von Friedrich dem Großen angebahnt, von der Tendenzpolitik Bischoffswerders aber aufgegeben. Sie wurde wieder im Jahre 1849 zuerst von Frankfurt aus auf dem Wege der gemäßigten Revolution, und dann von Berlin aus auf dem Wege der sogenannten freien Vereinbarung versucht, ging aber auch dies Mal an einer Tendenzpolitik zu Grunde.

Diese Verbindung der übrigen deutschen Staaten mit Preußen ist nicht nur für jene, sondern in gleichem Maße für dieses ein Postulat der politischen Nothwendigkeit. Preußen hat fast auf keinem einzigen Punkte seines langgestreckten Gebiets militärische Grenzen und kann sie erst durch die Annexation der umgebenden Staaten erhalten. Preußen hat nicht einmal ein geschlossenes Gebiet, sondern der Staat zerfällt in zwei große Massen, die durch deutsche Kleinstaaten auseinander gehalten sind. Dazu kommt dann noch, daß Preußen ein rein deutscher Staat und daher in seiner ganzen geistigen Bewegung Einflüssen hingegeben ist, die nicht von ihm politisch abhängig sind. Es giebt keine preußische Sprache, keine preußische Literatur, keine preußische Wissenschaft, ja selbst das vaterländische Bewußtsein jedes Preußen ist in ein preußisches und deutsches getheilt.

Indessen es handelt sich jetzt zunächst nicht mehr um für Deutschland und für Preußen irgend wünschenswerthe Formen. Worüber seit der Convention von Olmütz keine Frage mehr existirt, ist, daß das völkerrechtliche Bundesverhältniß der deutschen Staaten, welches die Bundesacte vom Jahre 1815 festsetzte, fortbestehen soll. Wenn jede der erwähnten Erledigungen der deutschen Frage, selbst die der Theilung in Vergleich mit allen früheren Formen Deutschlands ein Gewinn und Fortschritt sein würde, so ist jenes

Bundesverhältniß die schlimmste aller Formen, welche der deutschen Nation auferlegt werden können.

Der Bund ist an sich die Gleichberechtigung der beiden deutschen Großmächte auf demselben Gebiete, er ist die Indifferenz ihres Einflusses auf die übrigen deutschen Staaten, und daher die fortdauernde Ursache der Zerwürfnisse der beiden Großmächte und der auf Kosten der Nation wachsenden und Deutschland lähmenden Selbständigkeitssucht der Dynastien der größeren unter den deutschen Kleinstaaten.

Das völkerrechtliche Verhältniß einer Conföderation ist zu allen Zeiten ein Mittel des Auslands gewesen, um ein Volk in Ohnmacht zu erhalten. Dies Verhältniß wurde beim ersten pariser Frieden gegen Deutschland und die Schweiz angewandt, um sie jeder großartigen Action zu berauben. Da der Bund stets aus Gleichberechtigten besteht, ist ein dauernder Bund die Rechtsform nicht für die einige Action, sondern für die Uneinigkeit.

Es ist indeß möglich, daß unter besonderen Umständen thatsächlich das Bundesverhältniß eine milde Form der Einheit sei. Ist dieses in Deutschland der Fall? An der Spitze des deutschen Bundes stehen zwei fast gleich mächtige Staaten, an sich ohne feindliche, aber mit verschiedenen Interessen und mit einem ganz verschiedenen Entwicklungsgange, durch den Bund darauf hingewiesen, die grundgesetzlich nicht entschiedenen Ansprüche ihres Einflusses in Deutschland thatsächlich geltend zu machen, dazu mit Gegensätzen der Religion, der Geistescultur und mit feindseligen historischen Erinnerungen.

Es ist wohl möglich, daß die beiden deutschen Großmächte unter diesen Umständen, so lange die Bundesform existirt, zeitweilig in Allianz treten und dann thatsächlich eine Einheit der Action Deutschlands herbeiführen. Wie schwer dies aber ist, hat der Anfang dieses Jahrhunderts gezeigt, wo beide Monarchien von einem gemeinschaftlichen Feinde erst fast bis zur Vernichtung gebracht werden mußten, ehe sie sich gegen denselben vereinigten. Eine dauernde thatsächliche Allianz derselben ist unmöglich, weil eine aufrichtige unmöglich ist. Keine der beiden Mächte kann je, so lange der völkerrechtliche Bund existirt, den Hintergedanken ganz aufgeben, daß einmal die andere sie in ihrem Einfluß überflügele, daß sie beide doch einmal einander im Kriege gegenüberstehen werden. Wenn der Schein einer solchen dauernden Allianz von 1815 bis 1840 dawar, so war sie in der That nur ein Produkt der Tendenzpolitik und war doch auch nur sehr schwach und nur nach Innen gerichtet. In allen wichtigen Fragen, z. B. bei Gelegenheit des russisch-türkischen Krieges, als 1830 der Krieg gegen Frankreich intendirt wurde, in der belgischen und polnischen Frage waren beide Mächte einander mehr oder weniger entgegengesetzt, und nur einmal, 1840, für einen Augenblick einig.

Kann denn keine dauernde Allianz zwischen ihnen stattfinden, so folgt, daß beide Staaten regelmäßig, selbst wenn eine solche stattzufinden scheint, den beiderseitigen Einfluß zu schwächen suchen, und daß selbst eine vorübergehende wirkliche Allianz nie ganz aufrichtig ist. Letzteres hat im Revolutionskriege und hätte in den Kriegen von 1813 bis 1815 Deutschland fast um alle Erfolge gebracht. Darin liegt zugleich der Schlüssel zu der Ohnmacht Deutschlands seit 1815. Wären nicht jene Hintergedanken bei beiden Großmächten, so würde Oesterreich jetzt nach seiner Versöhnung mit Preußen nicht an seiner russischen Allianz festhalten und die schleswig-holsteinsche Frage nicht so jämmerlich und zum bleibenden Schimpfe des deutschen Namens erledigt werden, wie dies der Fall ist.

Die Stellung der beiden Großmächte im deutschen Bunde ist das Mittel, um die Action beider und jeder von beiden, d. h. Deutschlands, gegen das Ausland zu paralysiren und so jede politische Frage zwischen dem Ausland und Deutschland zu einer letzterem nachtheiligen Entscheidung zu bringen. $+1-1=0$.

Wie der Bund Deutschlands Macht direct auf Null reducirt, so führt er im Innern noch zu gleichen Nachtheilen. Er setzt eine ungefähr gleichmäßige Entwickelung der inneren Verhältnisse der deutschen Staaten voraus, und ist überdies seit 1820 nicht so sehr ein Bund von Staaten als von Fürsten. Oesterreich, in politischer Beziehung auf einer vom übrigen Deutschland schon längst verlassenen Stufe stehend, durch die verschiedenartige Nationalität seiner Bevölkerung zum absolutistischen System gezwungen, wird in Verbindung mit jener Souverainetätsluft der übrigen Fürsten in der Bundes-Verfassung immer Macht genug finden, um das übrige Deutschland auf seiner, der österreichischen Entwickelungsstufe, zurückzuhalten. Die letzte Folge davon sind dann gewaltsame Explosionen des angehäuften Zündstoffs und schließlich die politische und moralische Zersetzung der Nation.

Wir glauben es daher gerechtfertigt, wenn wir das völkerrechtliche Bundesverhältniß als etwas positiv Nachtheiliges bezeichnen. Dasselbe ist schlimmer, als wenn die Nation jedes Einheitsbundes entbehrte, denn es läßt die Machtfrage zwischen Preußen und Oesterreich unentschieden. Wäre dieselbe durch die Unterordnung der übrigen Staaten endlich einmal zur Erledigung gebracht, so würde ein aufrichtiges und dauerndes Allianzverhältniß zwischen ihnen stattfinden können und Deutschland endlich in seinem Innern Ruhe haben.

Es ist indeß dieses völkerrechtliche Bundesverhältniß seit der olmützer Convention ein einmal Gegebenes und die einzige Frage, welche übrig bleibt, ist nur noch die nach den Formen, welche dasselbe annehmen kann, nach der Art, wie der legale Einfluß der beiden Großmächte und der übrigen Staaten seinen Ausdruck findet.

Unter den Formen, welche bis jetzt in Frage gekommen sind, entspricht dem nationalen Interesse und dem Preußens ein Bundesrath, in welchem, wie im alten Bundestage, die kleineren Staaten ihre volle Vertretung finden, ohne Zweifel am meisten, denn er sichert Preußen ein regelmäßiges Uebergewicht.

Der reine Dualismus, die legale Alleinbestimmung der beiden Großmächte entfernt freilich den Einfluß der Königreiche und drückt das factisch vorhandene Verhältniß aus, aber er gibt bei Zwiespalt keine Entscheidung und ist daher nur dann ersprießlich, wenn die Entscheidung in die Hand eines

Bundesraths gelegt würde, in dem, wie im alten Bundestage, die Königreiche ohne Einfluß sind.

Dieser nachtheilige Einfluß der Königreiche wird aber seinen positiven Ausdruck in einem Bundesrath Weniger finden, noch mehr in der Trias, wodurch die Opposition derselben gegen die beiden Großmächte zu einer legalen Macht erhoben und die natürliche Politik der Königreiche befördert wird, in den Streitigkeiten der beiden Großmächte die dem eigenen Interesse entsprechende Entscheidung zu treffen; in einem Directorium endlich mit Gruppirung würde die wirkliche Macht der Königreiche noch obendrein durch Ueberlieferung der kleineren Staaten vergrößert werden.

Die Suprematie einer der beiden Großmächte über die andere wird an sich durch keine dieser Formen gegeben, und seit Friedrich dem Großen schien selbst jede der beiden Großmächte den Gedanken einer Suprematie über die andere aufgegeben zu haben. Indessen die seit 1848 durchaus veränderten Verhältnisse der österreichischen Monarchie erlauben keine Schlüsse aus der Vergangenheit und lassen es sogar wahrscheinlich erscheinen, daß die österreichischen Staatsmänner einer solchen Suprematie zustreben.

Dann werden die antinationalen und antipreußischen Formen sowohl ein reducirter Bundesrath, als eine Trias, und das Directorium gerade diejenigen sein, wodurch nicht nur der Einfluß Preußens auf das übrige Deutschland verdrängt, sondern selbst ein positiver Einfluß über Preußen gewonnen werden kann. Sie sind dann die Formen einer Allianz zwischen Oesterreich und den Königreichen, gewiß nicht zum dauernden Gewinn Oesterreichs, aber vielleicht zur langjährigen Zurückdrängung und Erniedrigung Preußens.

Wenn Oesterreich es zu erreichen vermag, Preußen in den Königreichen und namentlich in einem vergrößerten Baiern Rivalen zu geben, so würde es über beide die ausschließliche Suprematie führen und Preußen auf die Zeit vor Friedrich dem Großen zurückwerfen. Mit Glück und Consequenz würde es selbst noch weiter gelangen können.

Wir sind überzeugt, daß es nicht gelingen wird, Preußen dauernd in seine Theile aufzulösen oder es dauernd zu unterwerfen. Die Kraft und der Geist, der in der Masse des preußischen Volkes, wenn auch nicht in allen seinen Ständen, lebt, wird es wieder erstehen lassen, wenn es, wie schon einmal, einer falschen und unfähigen Politik zum Opfer fallen sollte. Für kürzere Zeit halten wir eine Erniedrigung Preußens, eine österreichische und absolutistische Herrschaft über dasselbe für wohl möglich.

Möge das Folgende zeigen, ob Preußen nicht in Dresden auf einen Weg geführt ist, der direct ins Verderben leitet. Es ist unter der Staatsleitung des Herrn v. Manteuffel schon jetzt nicht mehr Subject, sondern Object in der deutschen Frage.

II.

Olmütz und der alte Bundestag.

Das Gagernsche Programm, das von Kremsier und das Unionsproject gingen von demselben Grundgedanken aus, daß das alte Bundesverhältniß zwischen Preußen und den übrigen deutschen Staaten auf einen Bundesstaat zwischen Preußen und Oesterreich, auf eine enge völkerrechtliche Allianz zurückgeführt werden müsse. Dem Erbkaiserthum hatte man die Nationalsouverainetät zur Grundlage gegeben, dem Unionsproject die freie Vereinigung der deutschen Fürsten.

Mit Ernst und Nachdruck betrieben war das Unionsproject leicht zu verwirklichen, selbst ohne zu einem Kriege zu führen. Es gab indessen im preußischen Ministerium stets zwei Parteien: die eine schwächere wollte diese ernste Durchführung, die andere stärkere, zu der Herr v. Manteuffel und der Gen. Stockhausen gehörten, fürchtete den nationalen und liberalen Inhalt der Union und betrachtete höchstens die

Unirung einiger Fürstenthümer mit Preußen als ein definitives Ziel. Jene Partei wünschte zuerst, durch starke Kriegsrüstungen, eventuell durch Krieg, der Unionspolitik Nachdruck zu geben und die Abfälle zu verhindern, und wünschte später, als die Union schon nur noch durch Krieg haltbar war, entweder diesen Krieg oder ein Aufgeben der Union und die Vereinigung mit Oesterreich über eine Preußen und den Verbündeten wenigstens nicht direct schädliche Verfassung Deutschlands.

Die andere Partei dagegen wünschte das Zerfallen der Union, freute sich bei jedem neuen Abfall und wollte weder den Krieg, noch ließ sie es zu einer Vereinigung mit Oesterreich kommen, zu letzterer zum Theil nicht, weil dann die Incorporation der kleinen Fürstenthümer nicht erreicht werden konnte, zum Theil nicht aus verschiedenartigen Irrthümern.

So ließ man den Zeitpunkt vorübergehen, wo Oesterreich noch freie Hand hatte, zu einer deutschen Verfassung mitzuwirken, die wenigstens den größeren unter den kleinen Staaten keinen schädlichen Einfluß gewährte. Man konnte noch im Juni von Oesterreich eine dualistische Bundesexecutive, ja selbst mit geographischer Vertheilung der Macht, einen Bundesrath wie den früheren Bundestag und vielleicht ein deutsches Parlament erlangen, man konnte selbst noch die Union mit den kleineren Staaten in der Gestalt eines Bündnisses für bestimmte Zwecke fortsetzen. Vergebens befürwortete damals der preußische Gesandte in Wien diese und ähnliche Gestaltungen.

Allerdings war das die Wiederherstellung des alten Bundesverhältnisses, aber es war doch eine Wiederherstellung desselben in denjenigen Formen, welche für die Gegenwart als die erträglichsten erschienen und für die Zukunft die meisten Hoffnungen boten. Die Wiederherstellung des alten Bundesverhältnisses selbst war durch die bisherige Politik nur noch durch Krieg zu vermeiden, und diesen wollte die Majorität des Ministeriums und Herr v. Manteuffel, ihr Führer, um keinen Preis; in seiner politischen Unbefangenheit hoffte er schwimmen zu können, ohne dabei naß zu werden.

Die Folge war, daß am 8. October von Preußen, nicht ohne Zuthun des Herrn v. Manteuffel, die Unionsverfassung aufgegeben ward.

Als der Krieg dennoch unvermeidlich wurde, nahm Herr v. Manteuffel den richtigen Augenblick zur Entfernung und selbst Verbannung wahr. Er brachte Preußen um die Früchte der Unionspolitik, nachdem er dasselbe früher eines ehrenvollen Friedens beraubt hatte.

Zu Olmütz gab Herr v. Manteuffel Oesterreich in Betreff der unmittelbar practischen Fragen Alles zu, was es wünschen konnte; er versprach in Hessen den Bundestag exequiren zu lassen und gegen Schleswig-Holstein selbst mit Oesterreich aufzutreten.

In Betreff der deutschen Frage wurde kein bestimmtes Abkommen getroffen; der Artikel IV. der Punctation bestimmt: „Die Ministerial-Conferenzen werden unverzüglich in Dresden stattfinden."

Was ihr Gegenstand sein solle, war nicht gesagt: indeß ließ der Ausdruck „Ministerial-Conferenzen" keinen Zweifel übrig, daß sie wie die von 1819 und 1834 die deutschen Verfassungs-Angelegenheiten betreffen sollten.

Herr v. Manteuffel kehrte von Olmütz freilich etwas beschämt zurück, aber er rühmte sich doch, es durchgesetzt zu haben, daß „freie Conferenzen" über die deutsche Frage stattfinden sollten. Er und seine Organe und Agenten verwiesen Jedermann auf die zukünftigen Resultate derselben: schon das Zugeständniß der „freien Conferenzen" beweise, daß eine Resurrection des alten Bundestags unmöglich sei. Sah Herr v. Manteuffel nicht, daß die schleunige Resurrection des alten Bundestags nur noch der für Preußen günstigste Weg war?

Die frühere Politik war gegen die Wiederbelebung des Bundestags gerichtet gewesen, weil man gehofft hatte, das Bundesverhältniß selbst aufzuheben und eine Preußen und der Nation vortheilhaftere Form, die des Bundesstaats, zu erreichen. Von dem Augenblick an, wo dieser aufgegeben und man auf das Verhältniß des völkerrechtlichen Bundes zurückgeworfen war, wurde der alte Bundestag die einzige Zuflucht vor schlimmeren Formen dieses Verhältnisses.

Denn nur schlimmere Formen waren noch möglich, nachdem man einmal in einer wenig ehrenvollen Weise alle bisherigen Pläne aufgegeben, eine große politische Niederlage auf sich genommen hatte. Das hätte sich Hr. v. Manteuffel bei einiger Klarheit über die Folgen seiner eigenen Thaten leicht sagen können. Hatte doch, wenn wir recht unterrichtet sind, der Fürst Schwarzenberg die Forderungen einer dualistischen Parität mit der lehrreichen Aeußerung abgewiesen, daß dergleichen früher möglich gewesen wäre, daß es jetzt aber nicht in seiner Macht stehe, es zu bewilligen.

Oesterreich hatte sich in Bregenz definitiv gegen die napoleonischen Königreiche gebunden. Nachdem Hr. v. Manteuffel früher die österreichischen Anerbietungen hatte scheitern machen, half es ihm nichts, das damals Ausgeschlagene zu erbitten. Oesterreich hatte in Gemeinschaft mit den napoleonischen Königreichen über Preußen einen politischen Sieg davon getragen. Preußen hatte in der olmützer Convention gezeigt, daß es den Krieg durchaus vermeiden wolle.

Daraus mußte jeder halbwegs einsichtige Staatsmann folgern, daß weder Preußen im Stande sei, die früher möglichen Bedingungen zu erlangen, noch Oesterreich sie zu gewähren, selbst wenn es dazu geneigt gewesen wäre. Oder meinte Hr. v. Manteuffel, daß sich Baiern, Würtemberg, Sachsen seiner erbarmen, daß Oesterreich mit ihm Mitleid haben werde?

Die Thatsachen, welche Wendepunkte einer Politik bezeichnen, haben keine scharf abgegrenzte Wirkung, sie wirken auf Jahre nach. Die Nachgiebigkeit von Olmütz hat schon weitere und immer weitere Nachgiebigkeiten erzeugt. Es kam daher darauf an, Preußen jetzt wenigstens eine einigermaßen feste Position zu verschaffen, ihm den Schutz, den Hr. v. Manteuffel von der preußischen Armee nicht erwartete oder nicht wünschte, durch die Gewinnung eines anerkannten gemeinschaftlichen Rechtsbodens zu verschaffen.

Dieses war der alte Bundestag. Der Bundestag von 1815 ist unter den verschiedenen Formen einer Bundesregierung eine sehr vortheilhafte, wenn nicht die vortheilhafteste für Preußen. Die Zusammensetzung des engern Raths gibt den Königreichen nicht einmal ein Viertheil der Stimmen, die kleineren Staaten, von denen die Erfahrung der letzten Jahre gezeigt hat, daß sie unbedingt preußisch gesinnt sind, haben 7 Stimmen von 17, die von Preußen immer mehr oder weniger abhängigen beiden Hessen 2 Stimmen; die Stimmenmehrheit des engern Raths muß fast immer eine preußische sein.

Wenn Hr. v. Manteuffel in Olmütz erklärte, daß Preußen mit seinen Verbündeten nunmehr in den Bundestag eintreten werde, und daß die Revision der deutschen Verfassung dort vorgenommen werden müsse, so hatte Hr. v. Manteuffel erreicht, daß, wenn auch die factische Stellung Preußens durch ihn verdorben war, doch wenigstens die rechtliche Stellung Preußens nicht schlimmer wurde, als sie vor 1848 gewesen. Ja ein solches sofortiges Constituiren des alten Bundestags gab Preußen und seinen Verbündeten zugleich die Gelegenheit, sich an der Ordnung der hessischen und schleswig-holsteinischen Verhältnisse entscheidend zu betheiligen. In beiden ist jetzt Execution vor Recht ergangen, beide harren nun schon 3 Monate auf die Einsetzung des Bundestags, beide konnten durch die Betheiligung Preußens und seiner Verbündeten auf den Standpunkt des Rechts und einer nationalen Politik zurückgebracht werden. So ließ sich selbst die factische Stellung Preußens sofort verbessern.

Statt dessen erkannte Hr. v. Manteuffel für die wichtigsten practischen Fragen die österreichischen Bundesbeschlüsse an, ließ sie in Hessen im österreichischen Sinne ausführen und gab die Entscheidung über Preußens künftige Stellung in Deutschland der Zukunft anheim, ohne irgend eine Garantie dafür, welche diese Stellung werden würde. Hr. v. Manteuffel hatte die „freien Conferenzen“ gewünscht, als ein Erbtheil, welches ihm Hr. v. Radowitz hinterlassen hatte. Aber wie die Mobilisirung vom 6. November, das spätere Zugeständniß des Eintritts von ganz Oesterreich in den deutschen Bund, des Wegfalls einer Volksvertretung, so hatte er gleichfalls diesen Bestandtheil der Politik seines Gegners, der auf die Union und ihre Erhaltung berechnet war, durchaus mißverstanden. Die „freien Conferenzen" sollten nach Herrn v. Radowitz nur zwischen zwei Parteien, Preußen und seinen Verbündeten und Oesterreich und seinen Verbündeten stattfinden, ihr Gegenstand das Verhältniß zwischen der Union und dem weitern Bunde bilden. Aber Hr. v. Manteuffel hielt sich an den Ausdruck, jedoch auch an diesen nicht einmal mit Genauigkeit. Denn in der That war in Olmütz jener Ausdruck österreichischer Seits zurückgewiesen, und wie in Warschau der von „Ministerial-Conferenzen" gefordert, durch welchen jegliche Mißdeutung entfernt wurde, weil dieser Name schon früher angewandt war. Desto eifriger hielten die Organe des Hrn. v. Manteuffel an den „freien Conferenzen" einseitig fest.

Jener Fehler aber, die Erledigung der deutschen Frage Conferenzen zuzuweisen, ist gewiß zum Theil auf Rechnung der Einsicht des Hrn. v. Manteuffel zu setzen, zum Theil aber auch auf Kosten einer eines Staatsmanns nicht würdigen Berücksichtigung des damaligen Standes der öffentlichen Meinung.

Der Haß, den das völkerrechtliche Bundesverhältniß und der frühere Bundestag verdienten, hatte sich in einen Haß gegen die Institution des Bundestags concentrirt. Als Hr. v. Manteuffel von Olmütz zurückkehrte, hoffte er, die Kammern und die öffentliche Meinung noch besänftigen zu können. Und welche hohe Erwartungen ließ er sich nicht von den freien Conferenzen prädiciren, und sind nicht von den Organen des Hrn. v. Manteuffel an sie geknüpft worden!

Wie Hr. v. Manteuffel am 6. November aus Furcht vor der öffentlichen Meinung Preußens die Mobilisirung aussprach, so verzichtete er am 27. November zum Theil wenigstens aus

Furcht vor der öffentlichen Meinung darauf, daß Preußen eine bestimmte und feste Position einnahm.

Von diesem Fehler schreiben sich alle späteren Niederlagen her. Ja dieser Fehler von Olmütz hat Preußen in die Lage gebracht, gegen seine eigenen Interessen anzukämpfen.

Während Preußen sich glücklich schätzen konnte, wenn es nur den alten Bundestag erhielt, sprach sich Herr v. Manteuffel bei vielen Gelegenheiten gegen eine Rückkehr zum alten Bundestag aus, bezeichnete es als sein Verdienst, in Olmütz Preußen davor bewahrt zu haben, ja ging so weit, selbst die jetzt durchaus unpassende Deduction des Herrn v. Radowitz zu gebrauchen, daß falls auf den freien Conferenzen kein Resultat erfolge, keinesweges eine Rückkehr auf den alten Bundestag durch eine rechtliche Nothwendigkeit geboten werde.

Wir unterlassen es, hier ein für Herrn v. Manteuffel bezeichnendes Aktenstück mitzutheilen, weil wir dieses nicht dem Interesse Preußens zuträglich erachten. Genug, Herr v. Manteuffel stellte den alten Bundestag als das zu Vermeidende, und eine unbekannte bessere Gestaltung als das zu Erlangende hin, und kann sich dabei nicht einmal entschuldigen, daß er nicht bald nach der olmützer Convention verschiedentlich auf die Nothwendigkeit des alten Bundestags aufmerksam gemacht sei.

Wir werden sehen, bei welchen preußenfeindlichen Projecten man denn schon jetzt in Dresden angelangt ist, Dank der seltenen Politik des Herrn v. Manteuffel.

III.

Die ersten Tage der Ministerial-Conferenzen.

Die Ministerial-Conferenzen wurden am 23. Dezember in Dresden eröffnet. Ihnen vorauf ging das preußische und österreichische Einladungsschreiben: ersteres noch die abgebroschenen und jetzt inhaltsleeren Phrasen aus der Unionszeit enthaltend, letzteres mit dürren Worten auf die Bundesverfassung als Ausgangspunkt hinweisend.

Die Ministerial-Conferenzen (und schon der Name wies auf diesen Ausgangspunkt hin) wurden im Brühlschen Palais durch eine Rede vom österreichischen Minister-Präsidenten eröffnet. Die Organe des Herrn v. Manteuffel wünschten es so darzustellen, als wenn die wenigen inhaltsleeren Worte, die derselbe nach dem Fürsten Schwarzenberg sprach, einen Theil der Eröffnung gebildet hätten. Das Protocoll, dem Herr v. Manteuffel nicht widersprach, erklärte ausdrücklich, daß der Fürst die Sitzung eröffnet habe. Damit war die Frage über die Parität sofort, wenn auch nicht zum Nachtheil Preußens entschieden, so doch einigermaßen präjudizirt. Zum Ueberfluß nahm der um Worte nie verlegene Herr v. d. Pfordten der Rede des Herrn v. Manteuffel durch einige gleich inhaltsleere und überdies unpassende Worte jede formelle Bedeutung.

Der Inhalt der Eröffnungsrede des Fürsten Schwarzenberg war zudem für die Situation bezeichnend. Sie war nach dem Muster jener Rede verfaßt, mit der Fürst Metternich im Jahre 1819 die wiener Ministerial-Conferenzen eröffnet hatte, jene Conferenzen, welche durch die wiener Schlußacte dem Bunde erst den entschieden völkerrechtlichen Charakter aufgedrückt hatten. Fürst Schwarzenberg erklärte, wie Fürst Metternich, die Bundesverfassung für vortrefflich und bezeichnete nur die Stärkung des monarchischen Princips als die Aufgabe der Revision.

War eine solche Revision Alles, was Preußen gewollt hatte? Herr v. Manteuffel schwieg dazu und erklärte damit Preußen für schachmatt. Warum er aber nur die Ungunst der Lage auf sich nahm, warum er durch Eintritt in den Bundestag nicht zugleich auch die günstige Seite der neuen Wendung annahm, bleibt der Verantwortlichkeit dieses Staatsmannes anheimgestellt.

Daß es sich um Nichts als eine Revision der Bundesverfassung im österreichischen Sinne handle, wurde bald aus Allem klar. Die Oesterreicher ließen sogar in Wien gedruckte Exemplare der Bundesgrundgesetze mit gebrochenem Rande vertheilen, wo jeder Gesandte die etwaigen Verbesserungen einschreiben konnte.

Und wenn Herrn v. Manteuffel es noch nicht klar war, daß die freien Conferenzen keine Verbesserungen der rechtlichen und factischen Stellung Preußens bringen würden, so mußte ihm dies durch das Verfahren Oesterreichs bei Besetzung der Commissionen klar werden. Der Fürst Schwarzenberg theilte Hrn. v. Manteuffel einen Vorschlag zur Bildung der Commissionen mit: dieser Vorschlag enthielt ein Verzeichniß von Staaten, welche an den Commissionen theilzunehmen hätten. Es war kein einziger mit Preußen verbündeter Staat in dasselbe aufgenommen.

Es verstand sich von selbst, daß Oesterreich nicht daran dachte, diesen Vorschlag durchzusetzen. Fürst Schwarzenberg wollte Preußen demüthigen. Ein Minister, der das volle Gefühl von der Würde des preußischen Volks und seines Königs, das volle Gefühl persönlicher Würde gehabt hätte, würde diese Insulte durch eine auf der Hand liegende Retorsion erwidert haben. Er würde einen Gegenvorschlag eingegeben haben, der umgekehrt wenn nicht Oesterreich selbst, so doch seine Verbündeten ausgeschlossen hätte.

Hr. v. Manteuffel nahm die Insulte hin. Er legte sich auf's Handeln. Natürlich gewährte Oesterreich den Preußen verbündeten Staaten einige Theilnahme. Es hatte gewiß nie ernstlich daran gedacht, dieselbe zu verweigern, aber es bestand doch darauf, daß in den beiden wichtigsten Commissionen Preußen und seine Verbündeten in einer demüthigenden Minorität blieben: in der ersten Commission befanden sich 6 mit Oesterreich und nur 1 mit Preußen verbündeter Staat, in der zweiten 5 mit Oesterreich und 3 mit Preußen verbündete Staaten. *)

*) Siehe das Verzeichniß der Commissionen, Beilage 1.

So wurde Preußens Ehre gewahrt. Die bittern Bemerkungen eines Briefes eines der Vertreter der kleineren Staaten (es mischten sich noch Etikettenfragen hinein) steckte der preußische Ministerpräsident ruhig in die Tasche.

Er kehrte in Begleitung des Fürsten Schwarzenberg am 28. December nach Berlin zurück. Seine Unterredungen mit dem Fürsten Schwarzenberg hatten dem neuen preußischen Premierminister jede Hoffnung auf die dualistischen und paritätischen Projecte genommen, mit denen seine Staatsweisheit sich bisher noch geschmeichelt hatte. Ohne die persönlichen Ressourcen eines Mannes von Charakter und Aufschwung vermochte Hr. v. Manteuffel am Schlusse seines ersten Aufenthalts in Dresden nicht einmal, sich gegen positive Verschlechterungen der Bundesverfassung, wofür der Fürst Schwarzenberg mit der Ueberlegenheit eines kühnen Staatsmannes seine Zustimmung wünschte, zu wehren. Seit dem factischen Bruch mit dem preußischen Volke, der in der Vertagung der Kammern lag, war das Ausland neben einem Theile der neupreußischen Partei seine einzige Stütze. Die größere Vornehmheit des österreichischen Wesens that ihr Uebriges, und schließlich stellten die Pläne des Fürsten ein Polizeiregiment in Aussicht, welches der Auffassung des Hrn. v. Manteuffel über den Gang der Weltgeschichte die Gewähr zu geben schien, daß jeder Fortschritt der freiheitlichen Ideen für immer gehemmt bleiben werde. Das Interesse Preußens und seiner Dynastie, die Ehre der Monarchie Friedrichs des Großen beugten sich dem Parteiinteresse.

Als Fürst Schwarzenberg von seinem Besuche in Berlin wieder in Dresden eintraf, war im Wesentlichen der Handel geschlossen und er wäre sogleich zum Vollzug gekommen, wenn nicht der Vertreter Preußens in Dresden noch einige Hindernisse bereitet hätte.

Es dämmerte ihm noch die Ahnung nicht, daß, da eine Einigung mit Oesterreich nicht zu erreichen war, das früher Bestandene das noch allein Rettende sei.

Graf v. Alvensleben war als Vertreter Preußens in

Dresden geblieben, ein Staatsmann, der, leider ohne diplomatische Kunde und ohne staatsmännische Erfahrung, doch wenigstens persönliches und preußisches Gefühl besitzt. Graf Alvensleben hatte, wenn auch nicht sofort, doch bald den Grundfehler der neuesten Politik seines Chefs erkannt, den Bundestag nicht sogleich wiederherzustellen; er war aber ohne die bei den Staatsmännern der alten Zeit so seltene Eigenschaft, die Durchführung seiner persönlichen Ansichten zur Bedingung der Fortsetzung seiner politischen Wirksamkeit zu machen, oder er hoffte, daß es ihm trotz des Hrn. v. Manteuffel möglich werden würde, die Fehler desselben wieder gut zu machen.

IV.

Das Siebener- und Neuner-Project.

Am 30. December war Fürst Schwarzenberg nach Dresden zurückgekehrt. Am 2. Januar 1851 fand eine Sitzung der ersten Commission statt, in welcher der Fürst Schwarzenberg die Eröffnung machte, daß Oesterreich und Preußen über die Einrichtung der künftigen Centralgewalt einig seien: es werde künftig das Plenum die oberste Bundesbehörde sein und in seiner Stimmenzahl nur einige wenige Modificationen erleiden. Der engere Rath solle wegfallen, indessen als Ausschuß des Plenums eine Executivbehörde eintreten. Dieselbe müsse umwillen der stärkeren Action aus sieben Staaten mit neun Stimmen bestehen und bei der Wahl derselben das Machtverhältniß entscheiden. Oesterreich und Preußen würden jedes 2 Stimmen zu führen haben. Ueber die Vertheilung der übrigen 5 Stimmen erwarteten Oesterreich und Preußen die Ansicht der Mitglieder der Commission.

Das Resultat dieser Aufforderung war nicht ohne eine erheiternde Seite.

Der Aufforderung wurde sogleich genügt, und zwar in

dem Geiste uneigennütziger Rechtsachtung, welche die deutschen Könige immer gegen ihre schwächeren Mitstände gezeigt haben.

Zunächst erklärte Baiern, daß es durchaus angemessen sei, daß, wenn Preußen und Oesterreich zwei, es selbst doch wohl eine Stimme erhalte. Dasselbe nahm denn Sachsen für sich in Anspruch. Hannover fand das Gleiche für sich zuträglich. Würtemberg würde den Glanz des würtembergischen Reichs verdunkelt gesehen haben, wenn es nicht seine eigene Stimme erhalten hätte. Kurhessen sprach seine Meinung dahin aus, daß es selbst mit dem Großherzogthum Hessen vollen Anspruch auf die neunte Stimme habe. Für Frankfurt und Weimar blieben die leeren Schüsseln übrig.

War das vielleicht ein sich von selbst verstehender Bestandtheil der vom Fürsten Schwarzenberg mit dem Hrn. v. Manteuffel abgeschlossenen Einigung? Graf Alvensleben wenigstens schien nicht geneigt zu sein, auf diesen österreichischen und königlichen Plan einzugehen. Er hatte bisher geschwiegen, äußerte jetzt aber, daß eine ähnliche Beiseitesetzung der kleinen Staaten nicht angehe.

In der Commissionssitzung vom 4. Januar gaben Weimar und Frankfurt ihre Erklärung über das von Oesterreich und Preußen vorgelegte Project ab. Sie machten ihre Zustimmung zu demselben davon abhängig, daß alle Staaten eine angemessene Vertretung in der Executivbehörde fänden. Sie wiesen darauf hin, daß eine Behörde von 7 Personen nicht mehr Kräftigung gebe, als eine von 17 Personen, wenn nur Geschäftsgang und Executionsordnung eine angemessene Veränderung erlitten.*)

Hrn. v. Manteuffel war offenbar die vollständige Richtigkeit dieses Argumentes gegen den österreichischen Plan entgangen. Er hatte einem Plane zugestimmt, der das Preußen so günstige Stimmverhältniß des engern Raths in ein preußenfeindliches verwandeln mußte. Nur die Opposition der kleinen Staaten zwang den preußischen Ministerpräsiden-

*) Vergl. Beilage 2.

ten, etwas mehr preußisch und etwas weniger österreichisch zu sein.

Die Ministerialconferenzen begannen in das Stadium der Uneinigkeit zu gerathen. Die Abneigung des Grafen Alvensleben gegen das ganze Project gab dem gerechten Unwillen der kleineren Staaten Nachdruck. Es wurden Vermittelungsvorschläge von verschiedenen Seiten gemacht, die aber alle auf ein den Königreichen zu gebendes Uebergewicht hinausliefen, von dem weder die alte Reichsverfassung etwas kannte, noch die Bundesacte etwas kennt. Oesterreich schien bereit, die kleinen Staaten bis zu einer gewissen Grenze zuzulassen. Die Vertreter der Königreiche waren weniger dazu geneigt. Sie wußten zu gut, daß erstens das, was die kleinen Staaten an Einfluß verlören, das verhaßte Preußen verliere, und zweitens dieser Verlust ein Gewinn für die Königreiche sei.

Die Verwirrung nahm überhand, bis denn der preußische Ministerpräsident von Berlin her erschien. Wenn ihm noch immer die Einsicht fehlte, daß die alte Bundesverfassung schon eine Rettung für Preußen geworden war, oder ihm der Muth fehlte, ihre früher von Oesterreich geforderte Wiederherstellung nunmehr selbst zu verlangen, so blieb er doch wenigstens auf der einfachen Forderung stehen: daß das Stimmverhältniß der neuen Behörde ganz genau nach dem Stimmverhältniß des engeren Raths gebildet werde. Er hatte nicht den Muth das zu verlangen, was Weimar und Frankfurt verlangt hatten.

Auf's Neue waren der Fürst Schwarzenberg und Hr. v. Manteuffel, nicht ohne Mißbilligung des Grafen Alvensleben, rasch auf Kosten Preußens einig: am 11. Januar konnte das fertige Project von den beiden Ministerpräsidenten der ersten Commission vorgelegt werden, und zwar so, daß die Uneigennützigkeit der Königreiche im Voraus bedacht war.

Dieses Project ist das der elf Stimmen, welches sich unter den Beilagen in der schließlichen Redaction der ersten Commission findet, die aber mit dem ursprünglichen Plane übereinstimmt.*)

*) Siehe Beilage 3.

Der neue engere Rath sollte aus 9 Staaten oder Curien mit 11 Stimmen bestehen: Oesterreich und Preußen mit je 2 Stimmen, die vier Königreiche jedes mit 1 Stimme. Die kleinen Staaten erhielten nur Curiatstimmen: die 9te Stimme sollte von Baden und den beiden Hessen; die 10te von Holstein, Luxemburg, Braunschweig, Nassau, beiden Mecklenburg und Oldenburg; die 11te von allen übrigen Fürsten und den vier freien Städten gebildet werden.

Das Plenum sollte von 68 Stimmen auf 79 gebracht werden. Oesterreich und Preußen sollten zu ihren 4 Stimmen noch je 6, Baiern eine hinzuerhalten.

Es erschien nicht wohl begreiflich, weshalb der preußische Ministerpräsident auf eine solche Reducirung der Stimmen eingegangen war. Der Vorwand Oesterreichs, daß die Executivbehörde sich rascher und kräftiger bewege, war doch nunmehr ganz hinfällig, wenn man schon auf 11 Stimmen gekommen war.

Man hatte schon mit dem Neun-Stimmen-Project eine Militäreinrichtung, welche in dem Elf-Stimmen-Project genau vorliegt, in Verbindung gebracht und dasselbe dadurch rechtfertigen wollen.

Die 10 ersten Stimmen sollten fortwährend, auch im tiefsten Frieden, eine gewisse Anzahl Truppen, vollständig ausgerüstet, in fortwährender Marschbereitschaft, in stets unverminderter Stärke zur Verfügung des Bundes stehen haben: eine Armee des Innern, mobile Colonnen, um jede innere Bewegung zu unterdrücken.

Oesterreich und die Königreiche machten dabei den kleinen Staaten gegenüber eine unklare Idee geltend, daß das politische Recht mit dieser Militärpräsenz in engster Verbindung stehe, kleinere Staaten seien zu solcher Militärpräsenz nicht fähig.

Aber dennoch räumte man den kleinsten Staaten in der 11. Stimme eine Theilnahme ein, ohne ihnen die Militärpräsenz zur Pflicht zu machen. Eben so gut konnten sie dann ihr altes ausgedehnteres Stimmrecht behalten. Und andererseits hatte man in der 10. Stimme sehr kleinen Staaten, kleineren als manche der 11. Stimme, die Fähigkeit zur Militärpräsenz zugestanden.

Ueberdies aber ist die Forderung jener Militärpräsenz nur eine ganz vorübergehende. Sie ist hervorgerufen durch die Annahme, daß in umfassendem Maße Renitenz von Regierungen oder Volksbewegungen in Deutschland bevorstehen, also auf die Voraussetzung eines durchaus abnormen und transitorischen Zustandes gebauet. Sobald jene Annahme durch die Thatsachen widerlegt wird, fällt auch jene Militärpräsenz von selbst zusammen, an die man ein politisches Stimmrecht hat knüpfen wollen.

Die hauptsächliche und eigentlich officielle Rechtfertigung jenes Projectes, der auch Preußen zugestimmt hat, besteht aber in Folgendem: Die bisherige Bundesverfassung berücksichtige bei Ertheilung der Rechte nicht die Machtverhältnisse, während sie dieselbe bei Vertheilung der Pflichten anerkenne. Die Bevölkerung der kleinen Territorien betrage nicht $\frac{1}{6}$ der Bevölkerung des Bundes und habe doch über die Hälfte des Stimmrechts. Freilich hätten dann Oesterreich und Preußen ein höheres Stimmrecht in Anspruch zu nehmen, indessen um keinen allzuüberwiegenden Einfluß zu erhalten, hätten sie darauf freiwillig verzichtet.

Aber auch nach der Volkszahl der Territorien berechnet, zeigte das neue Project auffallenden Mangel an innerer Begründung.

Sachsen, Hannover und Würtemberg sollten jedes mit etwa gegen 1,800,000 Seelen Eine Stimme haben. Sie betragen jedes nicht einmal $\frac{1}{22}$ der Bevölkerung des Bundes und haben dennoch $\frac{1}{11}$ des Stimmrechts. Dagen erhielt Baden mit gegen 1,400,000 Seelen nur in Gemeinschaft mit den beiden Hessen Eine Stimme. Diese Stimme zählt gegen 3,000,000 Seelen. Ebenso ist die 10. Stimme mit gegen 2,500,000 Seelen stärker, als jede der drei Königreiche. Aber es galt ja die Anhänger Preußens zu unterdrücken! Und aus diesem Grunde wurde denn auch in den 3 letzten Stimmen von dem alten Princip abgewichen, welches Preußen und Oesterreich für sich selbst anerkannten, daß bei kleinen Staaten ein im Verhältniß zur Volkszahl größerer legaler Einfluß am Bundestage stattfinden müsse.

Und ferner, warum sollten die beiden Großmächte auf einen durchaus überwiegenden Einfluß verzichten, sie, die im Interesse der Nation und entsprechend der Wirklichkeit gerade den vollsten Anspruch auf denselben haben? und verzichten gerade zu Gunsten der Königreiche, welche alle zusammengenommen noch bei weitem nicht die Bevölkerung einer der beiden Großmächte erreichen und doch noch einmal so viele Stimmen haben sollen?

Und wenn einmal ein so außerordentlicher Bruch gerade in das Wesen des Princips zugelassen ist, dann wird es eben nothwendig, auf einem andern Wege die Heilmittel zu schaffen. Dann erklärt sich vollkommen, weshalb die kleineren Staaten, gleich den Königreichen, in einer gegenüber den Großmächten unverhältnißmäßigen Weise Stimmrechte erhalten haben. Gerade die kleineren Staaten, als abhängiger von den Großmächten, bieten die Garantie, daß sie es nicht gegen dieselben mißbrauchen werden.

Schließlich aber ist offenbar das Princip selbst falsch. Es ist wie das der breiten Basis eine bloße Abstraction, die historisch gewordenen Verhältnissen gegenübergestellt ist, und noch dazu eine falsche Abstraction. Die politische Bedeutung der Staaten richtet sich nicht nach der Volkszahl, sondern beruht außerdem auf einer Reihe anderer Factoren, worunter wir nur Lage, Reichthum, das Interesse anderer Nationen an der Erhaltung des Staats nennen wollen. Es zeigt sich z. B. eine principlose Willkür in der Behandlung Hamburgs und der beiden andern Hansestädte. Hamburg erhielt von 11 Stimmen nur $\frac{1}{20}$ Stimme und obendrein in Gemeinschaft mit einer Menge binnenländischer, andere Interessen vertretender Fürsten, soll also jedes politischen Einflusses beraubt werden; und doch ist Hamburg, die zweite Handelsstadt der Welt, die jenseits des Oceans bekannter ist, als das ganze übrige Deutschland, mit ihren 180,000 Einwohnern unzweifelhaft von größerer politischer Bedeutung und größerer internationaler Wichtigkeit, als ein binnenländisches Königreich wie Würtemberg, mit einer zehnmal größern Bevölkerung, welchem im umgekehrten Verhältnisse ein zwanzigmal größeres Stimmrecht gegeben ist.

Aber es handelte sich darum, ein Stimmverhältniß festzustellen, welches Preußen seines legalen und auf den wiener Verträgen beruhenden Einflusses in Deutschland beraubte. Im alten engeren Rath konnte Preußen außer der eignen auf 7 Stimmen fast unbedingt zählen, auf 3 fernere in regelmäßigen Fällen. Die 7 Stimmen werden im neuen Project auf 2, die 3 auf 1 reducirt. Im neuen engern Rath hat Oesterreich mit den 4 Königreichen eine fast sichere Majorität von 6, Preußen mit den kleineren Staaten eine fast sichere Minorität von 4, in regelmäßigen Fällen von 5 Stimmen.*)

Die Nachwelt wird es nicht glauben, daß ein preußischer Minister seine Einwilligung zu einer solchen Veränderung der Stellung Preußens gegeben habe; sie wird es nicht glauben, daß es ihm nur Ein Wort kostete, nur die Forderung kostete, auf die alte Bundesverfassung zurückzugehen, um allen solchen Preußen feindseligen Plänen ein Ende zu machen. Die Nachwelt wird glauben, daß tief liegende Motive die Ursache der Einwilligung waren. Wir wissen außer dem officiellen Grunde keinen andern, den Hr. v. Manteuffel für das Elf-Stimmen-Project anführt, als den, daß die Königreiche auf diese Weise sehr beeinträchtigt würden. Sie vermöchten nicht 10,000 Mann fortwährend auf Kriegsfuß zu halten, ohne sich vollständig zu entkräften. Es ist wahr; wie Staaten, die früher 2000—3000 Mann regelmäßig auf Kriegsfuß hatten, jetzt plötzlich die drückende Last von 10,000 Mann ertragen sollen und wie ihre Dynastien, wenn nicht vor Gott,

*) Wir geben das bundesrechtliche Stimmverhältniß in der Beilage 4.

aber vor ihrem Volke die freiwillige Uebernahme einer solchen Last rechtfertigen wollen, ist nicht zu begreifen.

Aber ebenso gewiß ist es, daß dieselben trotz aller jetzt gemachten Stipulationen künftig viel leichter jene unerträgliche Last verlieren, als ihr neuerworbnes Recht aufgeben werden. Die deutsche Geschichte lehrt nur zu empfindlich, daß die deutschen Könige immer mehr Pflichten abgeschüttelt und immer mehr Rechte erworben haben, beides auf Kosten ihrer Länder und Deutschlands.

Auch scheint jene Militärpräsenz noch einer andern Auslegung fähig zu sein. Hannover wenigstens hat schon erklärt, daß es darunter nur verstehe, daß die Infanterie und Cavallerie in 8, die Artillerie in 14 Tagen marschfähig sei. Damit fiele dann sowohl jene Erwartung, als jeder Grund weg, warum nicht auch die kleinsten Staaten auf gleichem Fuß behandelt werden sollten.

Wir wissen uns keinen Grund zu denken, weshalb Herr v. Manteuffel sich auf ein Project einließ, welches sowohl Preußens Einfluß auf Null herabdrückt, als auch einen neuen selbständigen Einfluß Oesterreichs und der Königreiche auf Preußen begründet.

V.

Nationale Opposition.

Herr v. Manteuffel hatte sich dem Willen des Fürsten Schwarzenberg gefügt, die durch den Grafen Alvensleben gestörte Einigkeit war hergestellt. Da schien von einer andern Seite Rettung für Preußen kommen zu wollen. Die kleineren Staaten waren in Dresden von Anfang an in einer ungünstigen Stellung. Sie waren sich des Verbrechens bewußt, der nationalen Idee große Opfer gebracht zu haben, mit

Preußen verbündet gewesen zu sein, und überdies noch zum größern Theil volksfreundliche Regierungen zu besitzen. Sie hatten sich 1848 für das Erbkaiserthum und dann für die Union erklärt, hatten sich nicht treubrüchig von Preußen losgemacht. Preußen hatte auf das Gebot Oesterreichs sie von sich stoßen müssen.

Die meisten Könige hatten schon seit 1848 die Krisis in der Richtung zu benutzen gedacht, ihre Macht durch Mediatisirung kleiner Staaten zu erweitern. Vor allen war Baiern unerschöpflich in solchen Projecten gewesen. Hierin glaubte offenbar der König von Baiern „den hellen Stern am umnachteten Himmel Deutschlands gefunden zu haben.“ Wie sollten diese Mittelstaaten sich nicht die Hoffnung gemacht haben, nun wenigstens in Dresden auf Kosten der kleineren und auf Kosten der Nation ihr dynastisches Interesse zu befriedigen!

Die kleinen Staaten hatten vor den dresdener Conferenzen freilich von Preußen das Versprechen erhalten, daß ihre Gleichberechtigung ihnen namentlich gegen alle Gruppirungspläne bewahrt bleiben sollte. Die Hauptstärke der kleinen Staaten bestand aber in ihrem guten Recht, in der Achtung, welche viele ihrer Regierungen selbst den Gegnern abnöthigten, und in der Einsicht, die alle Deutschland Wohlwollende erlangt haben, daß am Wenigsten die kleinen Staaten einer engeren Einigung im Wege stehen, daß sie vielmehr, so lange Deutschland zerrissen ist, zum Wohle des Ganzen durchaus unentbehrlich sind.

Herr v. Manteuffel, indem er zu dem Elf-Stimmen-Project seine Beistimmung gab, war gegen die Bundesgenossen Preußens so edelmüthig, darin einzuwilligen, daß Preußen gleich Oesterreich Eine Stimme mehr erhielt, und daß die Stimmen der Bundesgenossen Preußens von 7 auf $2\frac{1}{3}$ herabgesetzt wurden.

Dazu kam, daß, während die Vertreter der kleinen Staaten in Dresden keinen Schutz bei Preußen fanden, sie von dem Fürsten Schwarzenberg bald eingeschüchtert, bald sehr freundlich behandelt wurden, je nachdem sie mehr oder weniger Geneigtheit für Oesterreich zeigten.

Wie fest aber das Interesse der kleinen Staaten an das preußische geknüpft ist, zeigte sich darin, daß sie im eigenen Interesse jetzt für das von seinem Minister gutwillig aufgegebene Preußen eintraten.

Nachdem die erste Commission durch das von Preußen und Oesterreich vorgelegte und sogleich acceptirte Project eine feste Basis erhalten hatte, trat dieselbe mit der zweiten Commission zusammen, um mit ihr noch einige Fragen über die Competenz der Bundesbehörden gemeinschaftlich zu berathen.

In der vereinigten Sitzung der ersten und zweiten Commission vom 16. Januar legten die beiden Mecklenburg eine wahrscheinlich vom Grafen Bülow, Minister-Präsidenten von Mecklenburg-Schwerin, verfaßte Erklärung vor, welche anfangs als nicht zur Competenz der vereinigten Commission gehörig, einstimmig, also auch von Preußen zurückgewiesen, schließlich doch eine formelle Zulassung fand.

Diese Erklärung, welche wir unter den Beilagen vollständig mittheilen*), schloß sich in manchen Punkten den in Dresden herrschenden Ideen an, aber sie lehnte bestimmt das von der ersten Commission schon acceptirte Elf-Stimmen-Project ab und forderte im Wesentlichen die Wiederherstellung der alten Bundesverfassung.

Beide Mecklenburg gingen von dem Grundsatze aus, daß das Elf-Stimmenproject die durch die Bundesacte garantirte Gleichberechtigung der Staaten verletze, ohne die geringste Gewähr für eine größere Kräftigung der Executive bei 9 als bei 17 Personen zu geben. Sie erkannten, wenn man eine kräftige Executive schaffen wolle, die Zulässigkeit einer Abänderung der Bundesverfassung an, aber dann müsse die Executive wirklich nur aus sehr wenigen Personen bestehen.

Sie verlangten daher, daß sie regelmäßig nur aus Oester-

*) Vergl. Beilage 5.

reich und Preußen bestehe und daß in Fällen der Uneinigkeit die Entscheidung von der Gesammtheit des Bundes ausgehe. Im Uebrigen aber forderten sie das Fortbestehen des engeren Raths und des alten Plenums, des letzteren mit der vorgeschlagenen Stimmenerhöhung für Preußen und Oesterreich.

Es ist erfreulich, von den Vertretern kleiner Staaten der eingewachsenen Souveränetätssucht der Könige gegenüber den einfachen Grundsatz aussprechen zu hören: daß zwischen den deutschen Staaten rechtlich und factisch nur Ein durchgreifender Unterschied existire, der zwischen den beiden Großmächten und den sämmtlichen übrigen Staaten. Wo jene einig seien, geschehe ihr Wille anerkanntermaßen. Es komme daher nur darauf an, dieses Factum zum Recht zu erheben.

Es begreift sich, daß Oesterreich und noch mehr die Königreiche sich entschieden gegen ein System erklärten, welches Preußen nicht seinen bisherigen Einfluß im Bunde nehmen, sondern denselben vielmehr verstärken mußte. Es begreift sich ferner, daß die Meisten annahmen, daß der Graf Bülow nur von Herrn v. Manteuffel vorgeschoben sei, um das, was die eigene Ungeschicktheit verdorben habe, indirect und scheinbar ohne Zuthun Preußens wieder gutzumachen.

Es ist überhaupt eine sehr bemerkenswerthe Erscheinung, daß die österreichischen und andere Preußen feindseligen Staatsmänner in der auffallenden Preisgebung der preußischen Interessen immer sehr geneigt sind, eine ihnen nicht sogleich erkennbare, aber muthmaßlich ihnen um so gefährlichere geheime feindselige Absicht zu vermuthen. Diese Staatsmänner betrachten es eben als ihre höchste Aufgabe, das Interesse ihrer Staaten zu befördern, und vermögen sich keinen Begriff davon zu machen, wie andere Staatsmänner die auswärtigen Interessen ihres Vaterlandes für irgend andere Interessen daran geben können.

Es war in der That nichts weniger vorhanden, als ein Einverständniß zwischen dem Grafen Bülow und dem Herrn v. Manteuffel. Darüber kann Niemand im Zweifel sein, der den zwischen beiden stattfindenden Abstand politischer Einsicht kennt und weiß, daß Herr v. Manteuffel keineswegs das Verfahren der beiden Mecklenburg billigte.

In der That unterstützte Preußen auch die Opposition der kleineren Staaten, die sich nunmehr an den mecklenburgischen Antrag anlehnte, keineswegs. Preußen nahm aber eine indifferente Stellung ein, eine Stellung nicht des Abwartens, der Stärke, sondern, wie Anfang 1849, der Unentschlossenheit und Schwäche, eine Stellung, die überdies der Bequemlichkeit des preußischen Vertreters sehr zusagen mochte.

Zu Ausgang Januar erreichte die erste Commission das Ende ihrer Arbeiten und die dem ursprünglichen Plane entsprechenden Vorschläge *) erschienen mit ihrer sich selbst widersprechenden Einleitung, welche jedem Staat noch jede denkbare Wendung vorbehält. Nur Weimar und Frankfurt hatten in der Commission den Vorschlägen ihre Zustimmung entschieden versagt. **)

Es begannen dann die Vertreter der kleinen Staaten, sich enger mit einander zu einer Opposition gegen das von Oesterreich sowie den Königreichen gewünschte und von Preußen unterstützte Project zu vereinigen.

Am entschiedensten zeigten sich Mecklenburg und Baden in der Verwerfung des Commissions-Projectes. Letzteres, der größte Staat unter den nicht königlichen und durch seine Lage unzweifelhaft eben so wichtig als Würtemberg, war in diesem Projecte, wie zur Strafe für seine preußische und nationale Politik, sehr benachtheiligt und durfte die Ausführung des Projects als den Anfang der ihm schon seit 1815 von der baierischen Dynastie zugedachten und stets im Auge gehaltenen Mediatisirung oder Theilung ansehen.

Die Vertreter von Mecklenburg und Baden in Verbindung mit den meisten kleineren Staaten zeigten sich in ihrer gänzlichen Ablehnung des Commissions-Projects vollkommen einig. Sie schienen indeß, nach der gewöhnlichen deutschen

*) Beilage 3.
**) Beilage 2.

Art, weniger in Betreff des aufzustellenden Gegenplanes, einig zu sein. Das ursprüngliche mecklenburgische Project fand aus dem Grunde nicht ungetheilten Beifall, weil viele Staaten ein Project aufzustellen wünschten, welches Aussicht auf Annahme habe. Ein zum Theil dualistisches wie das mecklenburgische schien an dem absoluten Widerstande, der von den Königreichen zu erwarten stand, scheitern zu müssen, zumal es klar war, daß Oesterreich um Preußen in Nachtheil zu setzen, diesen Widerstand unterstützen würde.

Die beiden Mecklenburg dagegen schienen ihr Project nur aufgestellt zu haben, um entweder etwas Neues zu erhalten, welches nicht schlechter als das Alte sei, oder schließlich auf die alte Bundesverfassung zurückzukommen. Und in der That, was über die Nothwendigkeit einer kräftigen Executive in Dresden fast von Jedermann gesagt wurde, gehörte, die Wahrheit zu sagen, nur in das Reich der fables convenues, und war ursprünglich auch nur von Oesterreich aufgestellt, um das Preußen günstige alte Stimmverhältniß zu verändern. Eine kräftige Executive hängt von der Einigkeit der Regierungen viel mehr ab, als von Geschäftsformen oder gar von der Zahl der berathenden Personen. Das getheilte Deutschland hat eben wegen seiner Theilung bis zu einem gewissen Grade immer eine schwache Executive.

Indessen schienen die kleinen Staaten sich schießlich über ein Gegenproject geeinigt zu haben, welches sich dem ursprünglichen einigermaßen annäherte. In seinen allgemeinen Zügen ging dasselbe dahin: 1) eine Executive zu bilden, die aus 5 Stimmen bestehe, 2 ständigen für Oesterreich und Preußen und 3 wechselnden für die übrigen Staaten, 2) einen engern Rath von 24 Stimmen mit Bevorzugung Preußens und Oesterreichs, 3) ein Plenum nur für die Fälle, wo Einstimmigkeit verlangt werde.

Es schien ferner festzustehen, daß Mecklenburg oder Baden in der bevorstehenden Plenarversammlung der Ministerial-Conferenzen gegen die Vorschläge der Commission einen unbedingten Protest einlegen und daß sich die übrigen Staaten dann an denselben anschließen würden.

Auf diese Weise schienen die preußischen Interessen, welche von Herrn v. Manteuffel in eine verzweifelte Lage gebracht waren, noch durch die kleineren Staaten ohne Unterstützung Preußens und trotz Preußen gerettet werden zu sollen. Wenn nicht Gewalt gegen diejenigen Staaten gebraucht werden sollte, welche nur ihr Recht und zwar ein gerade von Oesterreich und den Königen früher unerbittlich gegen die deutsche Nation angewandtes Recht, gegen die Schläge der Gewalt vorhalten konnten — so war für die Nation und für Preußen wenigstens die Sicherheit gewonnen, daß der künftige Zustand nicht schlimmer als der vor 1848 werde.

In der That schienen Oesterreich und die Könige die Bedeutung der Krisis zu fühlen. Die Plenarversammlung, welche schon in den ersten Tagen des Februar stattfinden konnte, wurde aufgeschoben. Es wurde dafür angegeben, daß die erste Commission ihre Vorschläge noch mit Motiven begleiten müsse.

Schon seit der Mitte Januar hatte sich das Gerücht verbreitet, daß Fürst Schwarzenberg und Herr v. Manteuffel sich wieder einfinden würden, um bald, so hieß es, den Berathungen durch ein Dictat ein Ende zu machen oder ein Provisorium einzuführen. Von Berlin oder bei Herrn v. Alvensleben, so sehr derselbe persönlich auch der Wiederherstellung der alten Bundesverfassung geneigt war, fanden diese Gerüchte keine Widerlegung.

Wir werden den ferneren Verlauf erzählen, nachdem wir zunächst die Geschichte der übrigen in Dresden verhandelten Fragen in Betreff der Competenz, der Volksvertretung und des Bundesgebiets bis auf den Zeitpunkt der letzten Zusammenkunft des österreichischen und preußischen Minister-Präsidenten vorgeführt haben.

VI.

Competenz der Executivbehörde.

Die enge Verbindung, welche zwischen den Fragen nach der Zusammensetzung der beiden Bundesbehörden und der nach ihrer Competenz stattfindet, liegt auf der Hand. Die Bedeutung einer Erweiterung oder Verengung der Competenz des Bundes, der Zulegung einer größern oder geringern Competenz an die eine oder andere der beiden neuen Bundesbehörden hing natürlich ganz davon ab, ob der einen oder andern Partei in den Bundesbehörden die Majorität zufallen würde.

Die Bearbeitung der sämmtlichen Competenzfragen ward der zweiten Commission, welche wie die erste überwiegend aus Verbündeten Oesterreichs besteht, zugewiesen. In der Commission zeigte sich auch sehr bald das Uebergewicht Oesterreichs in der Vertheilung der Machtbefugnisse, welche den beiden zu schaffenden Bundesbehörden zugelegt wurden. Dies geschah noch in einer milderen Weise bei den vorläufigen Beschlüssen, welche die zweite Commission über die Competenz der Plenarversammlung und der Executive faßte, und welche wir unter den Beilagen vollständig mittheilen. *) Diesen vorläufigen Beschlüssen lag eine Arbeit des Grafen Alvensleben zu Grunde, die wie jene Beschlüsse selbst nichts weiter ist, als eine bloße Aufzählung der in der Bundesacte und Schlußacte vorkommenden Befugnisse der Bundesversammlung.

Als dann das Elf-Stimmenproject von Preußen angenommen war, trat die erste Commission mit der zweiten zu gemeinschaftlicher Berathung zusammen, wodurch das österreichische Uebergewicht in dem Stimmverhältnisse noch verstärkt wurde. Ohne Zweifel ist dies auch der Grund des Zutritts der ersten Commission gewesen, in welcher sich nur ein einziger Preußen verbündeter Staat befand, und ist es desto schlimmer, daß preußischer Seits diesem Zutritt kein Hinder-

*) Beilage 6.

niß in den Weg gelegt wurde. Jetzt trat das Bestreben, die Competenz der Executive zu erweitern, noch stärker hervor. Ferner kam man jetzt im Interesse der Königreiche und Oesterreichs dazu, in der Plenarversammlung in Fällen, wo früher einfache Majorität des engern Raths entschieden hatte, ⅔-Majoritäten, und für Fälle, in denen früher zwei Dritttheile des Plenums entschieden hatten, Majoritäten von drei Viertheilen entscheiden zu lassen, ja Versuche zur Ausdehnung der Stimmeneinhelligkeit zu machen. Im Plenum, auch in seiner neuen Form, ist eben das Uebergewicht der Stimmen Oesterreichs und der Königreiche nicht durchaus vorhanden.

Ende Januar hatten die vereinigten Commissionen ihre Arbeiten abgeschlossen. Die zweite Commission hatte nur noch in Betreff der Volksvertretung, des Verhältnisses der Landes- zur Bundesgesetzgebung und der Bundes-Competenz in Betreff der innern Verhältnisse der Staaten Vorschläge zu machen, an welchen Subcommissionen noch bis zu Ende Februar arbeiteten. Die übrigen Vorschläge der Commission in Betreff der Competenz der Bundesbehörden enthält die beiliegende Uebersicht *), welche in allem Wesentlichen als definitiv zu betrachten ist. Nur die Redaction der Vorschläge wird ohne Zweifel noch Veränderungen erleiden.

Im Folgenden werden wir in den Hauptpunkten die Abänderungen nachweisen, welche Oesterreich und die Königreiche für nothwendig gehalten haben, um sich im Bunde ein unbedingtes Uebergewicht zu sichern, durch welches die Nation um Nichts an Kraft nach Außen oder Innen gewinnen, durch welches es aber möglich werden würde, nicht nur den Einfluß Preußens und der kleinen Staaten auszuschließen, sondern selbst einen festen und entscheidenden Einfluß über Preußen zu gewinnen.

Wir werden dies zunächst an den der Executivbehörde zugelegten Befugnissen nachweisen.

Nach dem bestehenden Bundesrecht ist der engere Rath,

---

*) Beilage 7.

der nur mit einfacher Stimmenmehrheit entscheidet, mit legislativen und executiven Befugnissen ausgerüstet, und regelmäßig für alle Bundes-Angelegenheiten competent. Das Plenum, welches entweder mit Stimmeneinhelligkeit oder mit einer Majorität von $\frac{2}{3}$ der Stimmen entscheidet, hat nur eine ausnahmsweise Competenz für ganz bestimmte Fälle. Es hat wie der engere Rath nur legislative Befugnisse. Im Plenum kann blos abgestimmt, nicht auch verhandelt werden.

Nach den Vorschlägen des Fürsten Schwarzenberg sollte statt des engern Raths die Executivbehörde eintreten und demnach die regelmäßigen Befugnisse des engern Raths auf das Plenum übergehen. Es verstand sich hiernach, daß die juristische Regel nunmehr für die Competenz das Plenum aufgestellt, daß einfache Stimmenmehrheit in demselben zugelassen und daß das Recht der Discussion demselben ertheilt werden mußte.

Wenn Preußen die Mehrheit, die es in dem engern Rath gehabt hatte, nunmehr an Oesterreich in der neuen Executive abtrat, so hatte man österreichischer Seits stets darauf aufmerksam gemacht, daß die Executive nur ein Ausschuß des Plenums sein, nur einige wenige dringliche und kräftige Behandlung erfordernde Angelegenheiten zu erledigen haben, und daß das Plenum, in welchem die Stimmenverhältnisse nicht ganz so günstig für Preußen, wie im engern Rath waren, die regelmäßige Competenz haben werde.

Die zweite Commission sorgte nun dafür, daß die einmal gegebene Einwilligung Preußens zur Bildung der ihm so ungünstigen Executive so ausgebeutet wurde, daß die Executive alle wesentlichen Attribute des engern Raths erhielt.

Wenn man die 27 Punkte durchliest, in welchen die zweite Commission die Competenz der Executivbehörde aufgeführt hat, so wird man finden, daß darunter nur sehr wenige dem Grunde entsprechen, der schon in Warschau für die Bildung einer neuen Behörde angeführt wurde — dem einer kräftigen und raschen Action des Bundes in dringlichen Angelegenheiten.

Gleich an der Spitze wurde der Executive „der Vollzug rücksichtlich der im zweiten Theile des Art. 14. der Schlußacte erwähnten Gegenstände beigelegt. Allerdings scheinbar eine rein executivische, in der That aber eine rein legislative Befugniß. Während nämlich bei organischen Angelegenheiten das Plenum nur die ganz allgemeinen Grundzüge festzustellen hat, ist zufolge des Art. 14. der engere Rath angewiesen, die Ausführung dieser Grundzüge im Einzelnen festzustellen. So ist z. B. die Kriegsverfassung des Bundes vom Plenum in 24 Artikeln, die sich fast alle von selbst verstehen, festgesetzt. Die aus 97 Artikeln bestehende Bundes-Kriegs-Verfassung, das eigentliche Bundesgesetz über diesen Gegenstand, verdankt dem engern Rath seinen Ursprung. Es erhält demnach die österreichisch-königliche Executive die eigentliche und wirkliche Legislative des Bundes.

Zweitens ist dieser Behörde, welche bloße Executivcommission sein sollte, die oberste Leitung der Militärangelegenheiten des Bundes übergeben. Nur einige wenige Befugnisse sind dem Plenum zur Entscheidung zugewiesen, meistens solche, durch welche sich der deutsche Patriotismus vor einer militärischen Ueberanstrengung schützen kann. Die gesammte kriegsministerielle Thätigkeit des Bundes geht aber auf die neue Vollzugsbehörde über, welche nach der summarischen Uebersicht „überhaupt die Anwendung der auf die militärischen Verhältnisse bezüglichen Bundesbeschlüsse vom 12. April 1821 und 11. Juli 1822 (Bundeskriegsverfassung), wie der späteren mit diesen zusammenhängenden“ hat.

Drittens erhält die neue Behörde nicht nur die Ausführung derjenigen nöthigen Maßregeln gegen revolutionäre Bewegungen, welche vom Plenum beschlossen sind, sondern ganz allgemein „die Vorkehrung der nöthigen Maßregeln, wenn in einem Bundesstaate oder in mehreren durch Widersetzlichkeit, gefährliche Verbindungen oder Anschläge die innere Ruhe unmittelbar gefährdet oder wirklich gestört ist.“ Die neue Behörde hat denn nicht blos die Maßregeln zu treffen, sondern auch zu erkennen, o b Maßregeln zu treffen seien, und sie kann schon auf Maßregeln erkennen, wenn in einem Lande auch nur gefährliche Anschläge existiren. In den vorläufigen Beschlüssen der Commission waren doch wenigstens die „gefährlichen Verbindungen und Anschläge" weggelassen. In welchem Lande sollten nicht gefährliche Anschläge existiren? Hier ist ein legaler Weg gegeben, um sich zu passender Zeit in die innern Verhältnisse der einzelnen Länder und auch Preußens einzumischen.

Viertens ist der neuen Behörde die gesammte Leitung der auswärtigen Verhältnisse, die Führung der Unterhandlungen, die Absendung von Gesandten und die Entscheidung der Streitigkeiten zwischen Bundes- und fremden Staaten übertragen. Nur die Kiegserklärung und der Friedensschluß sind der Executivbehörde noch nicht zugelegt, ohne deshalb an das Plenum verwiesen zu sein. Wir werden später auf diesen Punkt zurückkommen, der eng mit der Frage vom Bundesgebiet zusammenhängt.

Fünftens endlich ist der neuen Behörde die Erhebung, Verwendung und Verrechnung der Matrikularbeiträge, d. h. die Finanzverwaltung des Bundes, gegeben. Das Plenum hat daneben das Recht der Prüfung.

Alle diese Dinge, mit Ausnahme natürlich der zuerst erwähnten legislativen Befugniß, fallen allerdings in das Gebiet der im constitutionellen Sprachgebrauch sogenannten Executivgewalt, aber nicht in das Gebiet einer Commission für die Bundesexecutionen. Von dieser war, soweit wir wissen, sowohl in Warschau als später allein die Rede. Hr. v. Manteuffel, das linguistische quid pro quo nicht erkennend, war auf die Schwarzenbergische Idee sofort eingegangen. War die neue Einrichtung doch angeblich „gegen die Fluten der Revolution" gerichtet! Erst das mecklenburgische Project und ihm nachfolgend das Project der kleineren Staaten führte wieder auf die ursprüngliche Idee zurück. Hiernach soll die Executivcommission eben Nichts weiter, als die dringlichen Anordnungen in denjenigen Fällen zu beschaffen haben, wo die Bundesexecution indicirt oder schon beschlossen ist, und außerdem soll diese

Commission durchaus unter dem Einflusse des engern Rathes stehen.

Was die Folge der Durchführung des österreichischen und königlichen Planes sein würde, liegt auch für ein schwaches Auge klar vor. Wir sind nicht der Meinung, daß Oesterreich sofort und unmittelbar vorgehen werde, um die Regierungsrechte, die seiner Vollzugsbehörde zugelegt sind, sämmtlich gegen Preußen zu kehren. Es wird vorläufig wahrscheinlich mit Mäßigung verfahren und den richtigen Zeitpunkt abwarten, um die in Betreff des gesammten Militärwesens, der Oberpolizei, der Finanzen, der auswärtigen Angelegenheiten und der Gesetzgebung ihm übertragenen Befugnisse dazu anzuwenden, Preußen und Norddeutschland überhaupt von sich vollständig abhängig zu machen. Es scheint nicht zweifelhaft, daß Preußen in Verbindung mit anderen Staaten sich dem widersetzen wird. Aber Preußen hat dann den Rechtsboden verloren, auf dem es seinen Widerstand durchführen könnte, Preußen wird dann schließlich vielleicht bereit sein, für seine Existenz zu streiten, aber nicht mehr im Stande sein, mit vollem Recht gegen Oesterreich anzukämpfen, es wird seinen übrigen Feinden im Osten und Westen den Anhalt gegeben haben, seinen Widerstand für Aggression zu erklären.

Wir haben gesehen, wie schwer es für Preußen ist, sich zu einem Kampf zu ermannen, wir haben gesehen, eine wie große Partei Oesterreich, als Repräsentant absolutistischer Ideen, in Preußen selbst besitzt, wie die Tendenzpolitik in gewissen Kreisen die Liebe zum Vaterlande und das alte preußische Ehrgefühl niederzudrücken vermag — wenn Preußen auch noch das positive Recht fehlen sollte, wenn sein Kampf in der That ein halb revolutionärer würde, so fehlt wenigstens die eine Hälfte der Voraussetzungen, welche die Hoffnung eines Sieges zu begründen pflegen.

VII.

Plenum. Unirungsrecht und organische und gemeinnützige Anordnungen.

Die übrigen Vorschläge der zweiten Commission, welche die Competenz des künftigen Plenums betreffen, haben nicht einen für Preußen in dem Maße gefährlichen Charakter, wie die so eben besprochenen, sie sind indessen theilweise direct, theilweise indirect für Preußen nachtheilig.

Die Commission hat eine große Anzahl von Gegenständen, welche nach der alten Bundesverfassung dem engern Rath zustanden, aufgezählt, welche künftig von der Plenarversammlung durch einfache Majorität entschieden werden sollen. Insofern das Stimmverhältniß im Plenum nicht ganz so günstig wie im engern Rath ist, erleidet Preußen dadurch Nachtheil. Wenn man aber diese Gegenstände näher betrachtet, so zeigt es sich, daß die angebliche Vermehrung der Competenz des Plenums aus der Erbmasse des engern Raths von sehr geringer Bedeutung ist. Außer der Feststellung des Budgets findet sich unter jenen zwanzig Gegenständen Nichts, welches irgend eine politische Bedeutung hätte. Alles von Bedeutung ist eben der Executive und den qualificirten Majoritäten des Plenums zugewiesen.

Nur Ein Gegenstand ist ganz neu hinzugekommen, „die Entscheidung, ob ein von einem Bundesgliede eingegangenes Bündniß nicht gegen die Sicherheit des Bundes oder einzelner Bundesglieder gerichtet sei." Und diese ist der einfachen Stimmenmehrheit des Plenums anheimgegeben.

Es hat dadurch die erst neuerdings aufgeworfene Frage, wieweit das Recht der deutschen Staaten geht, sich untereinander zur Erreichung bestimmter allgemeiner Zwecke zu vereinigen, die Frage über etwaige künftige Unionsversuche und über die bestehenden Militärverträge Preußens mit verschiedenen kleinen Staaten erledigt werden sollen.

Es ist bekannt, wie Oesterreich von der Union, welche

eben eine solche Verbindung war, behauptete, daß sie gegen die Sicherheit der Bundesglieder und demnach gegen den Art. XI. der Bundesacte verstoße, eine Auffassung, die überhaupt den in Frankfurt tagenden Regierungen gemein ist. Der Art. XI. der Bundesacte bestimmt: „Die Bundesglieder behalten zwar das Recht der Bündnisse aller Art, verpflichten sich jedoch in keine Verbindungen einzugehen, welche gegen die Sicherheit des Bundes oder einzelner Bundesstaaten gerichtet wären."

Schon in Warschau verlangte Oesterreich die Aufhebung der Union und gestattete zugleich das Unirungsrecht, soweit es nicht gegen den Art. XI. der Bundesacte verstoße und so, daß den Bundesbehörden ein Aufsichtsrecht zukomme.

In dem vorliegenden Vorschlage der Commission hat, wenn er angenommen wird, Oesterreich seine Absicht erreicht. Es hat indirect dem Artikel eine Anwendung auf den Fall von Bündnissen zwischen Bundesgliedern gegeben, während derselbe sich offenbar nur auf Bündnisse mit dem Auslande bezieht, weshalb er auch in der wiener Congreßacte, welche sonst die Bundesacte vollständig enthält, weggelassen ist.

Oesterreich hat ferner eine Entscheidungsnorm erreicht, welche wenigstens unter den gegenwärtigen Verhältnissen ihm nur zu günstig ist. Die Stimmen der unionsfeindlichen Staaten betragen im Plenum nach der alten Zählungsnorm 35, nach der neuen 42, die der Unionsstaaten nach der alten 31, nach der neuen 37; Frankfurt ist dabei als neutral gerechnet.

Das Unirungsrecht, wegen dessen Erhaltung, auch abgesehen von der damaligen Union, im November v. J. schon allein ein Krieg gerechtfertigt gewesen wäre, ist für Preußen noch das einzige Mittel, um seinen Einfluß herzustellen, für die kleineren Staaten das einzige Mittel, um einen festen Anschluß an eine größere Macht zu gewinnen.

Es ist dieses Recht offenbar im Bundesrechte begründet, und es würde sich schwerlich ein Gericht finden, welches auf Grundlage des Art. XI. der Bundesacte dasselbe Preußen abspräche. Nach dem bisherigen Bundesrechte fehlt es an jeder

Handhabe, um das Unirungsrecht der einzelnen Staaten zu beschränken. Die Bundesversammlung hatte keine Competenz, irgend eine Unirung zu verhindern oder eine solche zu beaufsichtigen. In der That ist auch der Zollverein ohne alle Einmischung der Bundesversammlung zu Stande gekommen.

Der erwähnte Vorschlag der zweiten Commission gibt dem Plenum dieses Einmischungsrecht und zugleich das Recht der Entscheidung — er ist lediglich gegen Preußen gerichtet. —

Einen andern Hauptgegenstand der Verhandlungen der zweiten Commission bildete die Frage: ob nicht wenigstens in einem beschränkten Maße das alte Bundesrecht, insofern es für organische Einrichtungen und für gemeinnützige Anordnungen eine Stimmeneinhelligkeit verlangt, aufzugeben sei? Man erkannte an, daß namentlich die gemeinnützigen Anordnungen den Inhalt bildeten, wodurch die Form des Bundes erst wirklichen Nutzen für die Nation bringen könne, und daß, so lange die Einführung gemeinnütziger Anordnungen an die Einwilligung aller Staaten geknüpft sei, ebenso wenig künftig als bisher an solche gedacht werden könne.

Man brachte daher von verschiedenen Seiten einzelne Angelegenheiten vor, welche durch eine qualificirte oder einfache Majorität ihre Erledigung finden sollten. Man verhandelte vorzüglich über folgende Gegenstände: Vigilanz über wandernde Handwerker, Spielbanken, Universitäten, Presse, Lotto. Man brachte in Vorschlag, daß organische Bestimmungen in Betreff des Landfriedens, der inneren Ruhe und Sicherheit, des Auswanderungswesens, der Heimatsberechtigung, Nationalbelohnungen für nützliche Erfindungen, allgemeine Vollstreckbarkeit der Urtheile deutscher Gerichtshöfe, Auslieferung von Verbrechern u. s. w. durch eine Majorität von zwei Dritttheilen beschlossen werden könnten.

Bei den Verhandlungen zeigte es sich dann, wie jeder Staat einen oder den andern Krebsschaden habe, den er durchaus nicht curirt haben wolle, wie z. B. Baiern die Einhelligkeit in Betreff des Lotto durchaus nicht aufzugeben gewillt war, um sich die Beförderung öffentlicher Moral durch sein

Lotto nicht nehmen zu lassen. Es schienen beinahe nur die Spielbanken und die wandernden Handwerksburschen der Gegenstand einer einheitlichen Gesetzgebung Deutschlands werden zu können; wir zweifeln indeß nicht daran, daß gewisse Staaten im Plenum schon dafür sorgen werden, daß am Ende nur die wandernden Gesellen übrig bleiben.

Von einer einheitlichen Gesetzgebung in Betreff Münze, Maß, Gewicht, und in Betreff des Handelsrechts — welche ein dringendes Bedürfniß der Nation ist, war nicht die Rede, jene zum größten Theil untergeordneten Gegenstände dagegen erregten die Mitglieder der zweiten Commission mehrere Wochen hindurch auf das Lebhafteste.

Dänemark, in Vormundschaft für das durch die olmützer Convention nun auch wirklich und allgemein anerkannt ihm untergestellte Holstein, erklärte endlich am 16. Januar sich bestimmt gegen jede Veränderung der Stimmeneinhelligkeit, welche von den Grundgesetzen des deutschen Bundes sanctionirt worden sei.

Wir theilen die holsteinische Erklärung unter den Beilagen *) mit, weil sie mit Folgerichtigkeit und Klarheit allerdings unzweifelhafte Sätze des Bundesrechts darlegt.

Dänemark, welches noch soeben gegen den Bund Krieg geführt und weiter als je davon entfernt zu sein scheint, dem gerechten Anspruch des Bundes auf die Herstellung der vormärzlichen Verbindung zwischen Schleswig und Holstein Genüge leisten zu wollen, erklärt darin:

„Der Einzelne kennt für die Grundverträge so wenig als für die Entwickelung einen andern Zwang als den Wunsch, mit allen seinen Kräften und nach dem Maße der gegebenen Umstände, zum Wohl des Ganzen beizutragen. Unterordnung unter Majoritätsbeschlüsse in diesen Fragen wäre Mediatisirung (d. h. Holsteins durch Deutschland, statt durch Dänemark) zunächst ad hoc, nach und nach für das gesammte Gebiet der Gesetzgebung, der inneren Entwickelung, der Geldleistungen."

---

*) Beilage 8.

Und wie Rußland bei der zweiten Theilung Polens letzterem das eben abgeschaffte liberum veto wieder aufzwang und sich die Bewahrung desselben vertragsmäßig zusagen ließ, so erklärt jetzt der russische Schutzstaat, vielleicht mit feiner Hindeutung auf Polen: „das liberum veto für organische und gemeinnützige Einrichtungen aufgeben, wäre Verzicht auf die im Art. 2. der Bundesacte garantirte Unabhängigkeit der Einzelstaaten und damit der Anfang zur Centralisirung und Desorganisation Deutschlands."

Das Resultat der lebhaften Debatten über die organischen und gemeinnützigen Einrichtungen ist im Wesentlichen nur eine Stärkung des Polizeiregimentes, welches Oesterreich auch auf das übrige Deutschland ausdehnen will.

„Organische Einrichtungen zur Erhaltung des Landfriedens, innerer Ruhe und Sicherheit," sind die einzigen, welche durch eine qualificirte Stimmenmehrheit getroffen werden können.

Dann ferner sollen gemeinnützige Anordnungen durch zwei Dritttheile gemacht werden können — wenn sie nicht in iura singulorum eingreifen und wenn der Zweck nur durch die zusammenwirkende Theilnahme aller Staaten vollständig erreicht werden kann.

Wir fragen: gegen welche gemeinnützige Anordnung wird der Widersprechende nicht sein entgegenstehendes absolutes Unabhängigkeitsrecht behaupten? Welcher gemeinnützige Zweck sollte wohl ohne die Mitwirkung des Fürstenthums Lichtenstein nicht erreicht werden können!

Und doch gab es in der Commission noch sechs ängstliche Mitglieder, die auch hiermit zu viel gethan glaubten.

Dagegen fand kein Bedenken statt, die Regelung der Disciplin auf den deutschen Universitäten der gemeinnützigen Beschlußfassung der zwei Dritttheile zu unterwerfen.

VIII.

Das Vertheidigungswesen Deutschlands.

Während es etwas Erheiterndes hat, die vergeblich oder nur in Polizeisachen mit einigem Erfolg versuchten Bemühungen zu betrachten, etwas Gemeinsames zu Stande zu bringen — ein Resultat, welches, so lange der völkerrechtliche Bund besteht, immer dasselbe sein wird — läßt sich nicht ohne Unwillen sehen, wie die Vertheidigungsfähigkeit Deutschlands geschwächt wird.

Eine Reihe von Gegenständen, welche früher dem engern Rathe und in demselben der Entscheidung durch einfache Stimmenmehrheit zugewiesen waren, sind in den Vorschlägen der Commission der Entscheidung des Plenums durch Einstimmigkeit, durch eine eigens erfundene Dreiviertel-Majorität und durch Zweidrittel-Majorität zugewiesen.

Die Stimmeneinhelligkeit ist eben das liberum veto, die andern qualificirten Majoritäten sind von der Art, daß bei der Zusammensetzung des Plenums nicht viel dazu gehört, um das Zustandekommen eines Beschlusses zu verhindern.

Stimmeneinhelligkeit soll dazu gehören, wenn von einem oder mehren Staaten größere als die matrikelmäßigen militärischen Anstrengungen verlangt werden; wenn also das deutsche Territorium zum Theil occupirt oder verwüstet ist, so würde von den zurückliegenden, verschont gebliebenen Staaten keine größere Anstrengung verlangt werden können, als von den hart mitgenommenen. Außer diesem gibt es in Zeiten der Noth noch viele Fälle, in denen das allgemeine Beste ungleiche Anstrengungen fordert.

Es war ein großes Verdienst der deutschen Nationalversammlung, zu einer bei der damaligen Begriffsverwirrung höchst unpopulären Maßregel, der Verdoppelung des Prozentsatzes, nach dem die Contingente gestellt wurden, zu schreiten: eine Maßregel, um so nothwendiger, als die mittleren und zum Theil die deutschen Staaten nicht daran dachten, mehr Militär, als das Bundescontingent erforderte, zu halten. Sie überließen den beiden Großmächten, zum Schutze Deutschlands ihr Militär auf 3—4 Procent zu bringen, und begnügten sich mit einer so geringfügigen Aushebung, wie es im übrigen Europa, außer in Italien, nicht erhört ist.

Jener Beschluß der Nationalversammlung, welcher Deutschland wenigstens etwas größere Garantie für die Vertheidigung seiner Grenzen gab, ist nunmehr cassirt, er ist in Dresden als ungültig behandelt. Um sich noch ferner gegen den Patriotismus einer Mehrzahl von Staaten zu sichern, ist man dann weiter gegangen und hat vorgeschlagen, daß nur durch eine Zweidrittel-Majorität künftig der Ein-Procentsatz verändert werden könne.

Eben so ist, wenn auch blos mit 8 gegen 7 Stimmen beschlossen, daß die Grundsätze, welche der Bundesmatrikel zum Grunde liegen, nur durch zwei Dritttheile eine Aenderung erleiden sollen.

Endlich hat man sich gegen die allerdings sehr wünschenswerthe Anlegung neuer Bundesfestungen zur Vertheidigung Deutschlands durch dieselbe Forderung einer qualificirten Stimmenmehrheit zu sichern gesucht.

Bei Weitem schlimmer ist aber das in Betreff der Marine Beschlossene:

„Nur mit Mehrheit von $\frac{3}{4}$ der Stimmen kann der Beschluß gefaßt werden: eine Bundesflotte und Kriegshäfen zu errichten."

Dies ist noch der Beschluß einer milderen Mehrheit, die Minderheit von 6 Stimmen wollte, daß jede Regierung in diesem Punkte ein liberum veto haben solle; unter dieser Minderheit befanden sich Baiern, Sachsen, Würtemberg und Dänemark. Das patriotische Baiern in diesem Punkte in engster Verbindung mit Dänemark!

Schon bei einer der, wegen transitorischer Angelegenheiten stattgefundenen Plenarversammlungen war Mitte Januar die deutsche Marine zur Sprache gekommen. Die

Bundes-Commission, welche von Frankfurt aus noch das Bundeseigenthum verwaltet, benutzte nämlich das Zusammensein der Vertreter aller deutschen Staaten zu Dresden, um die Nothwendigkeit vorzustellen, daß drei Millionen Gulden von den deutschen Staaten an die Bundeskasse eingezahlt würden. Sie erklärte, daß sie ohne diese Einzahlung zahlungsunfähig und außer Stande sein werde, das Bundeseigenthum zu verwalten.

In der wegen dieses Gegenstandes zusammengetretenen Plenarversammlung übertraf Baiern selbst Dänemark, dem der Wunsch allerdings verziehen werden kann, keine deutsche Flotte heranwachsen zu sehen. Baiern leugnete, daß überhaupt eine Bundesflotte existire und folgerte daraus, daß es keine Verpflichtung gebe, zu derselben beizusteuern. Es wünschte sogar über diese Frage eine sofortige Entscheidung.

Wenn auch kein Minister außer dem baierischen sich zu dem Grade politischen Ehrgefühls hinaufzuschrauben wagte, so waren es doch nur wenige, welche sich mit vollem Ernst dieser Angelegenheit annahmen; unter ihnen die Vertreter von Hannover und Oldenburg.

In der That wurden die Gelder bewilligt und die Initiative in der Marineangelegenheit der zweiten Commission überlassen.

Dieselbe hat durch ihren Antrag sich im Voraus schon für die baierische Aufstellung erklärt, daß keine Bundesflotte vorhanden sei. Sie hat ferner, ihrer Majorität nach, die Schaffung einer angemessenen Bundesflotte bis zur Unmöglichkeit für alle Zukunft erschwert. Die sehr bedeutende Minorität hat dieselbe direct unmöglich gemacht, indem sie die Schaffung einer deutschen Marine von der Einstimmigkeit, z. B. von der Einwilligung Dänemarks abhängig wissen wollte.

Baiern, Sachsen und Würtemberg haben selbst bei ihrer schließlichen Erklärung über die gesammten Vorschläge der beiden ersten Commissionen hervorgehoben, daß sie Stimmeneinhelligkeit für die Schaffung einer Flotte und eines Kriegshafens verlangen müßten. Die Rechtfertigung dafür suchten sie in dem Umstande, daß auch für Handelsinteressen Stimmeneinhelligkeit nothwendig sei.

Die zweite Commission hat dankenswerth genug die Frage nicht entscheiden wollen, was mit der nun doch einmal schon bestehenden Bundesflotte zu machen sei? Wir erwarten die von den Schleswig-Holsteinern eroberte „Gefion" nächstens in den kopenhagener Hafen wieder einlaufen zu sehen.

Und so soll denn die militärische Kraft des deutschen Bundes nach Innen verstärkt, nach Außen aber wieder vermindert werden; zum Theil nach dem Wunsche gerade derjenigen Staaten, welche jeder die enorme Zahl von 10,000 oder 15,000 Mann zu polizeilichen Zwecken fortwährend bereit zu halten beabsichtigen.

So soll der deutsche Handel und die deutsche Schifffahrt unbeschützt und sollen demnach die reichen deutschen Küsten unentwickelt bleiben. Wir Deutsche haben eine größere Handelsflotte als Frankreich und Rußland, und ein Feind wie Dänemark soll die Ausgänge unserer Ströme und unserer Handelsstraßen Jahre lang sperren dürfen!

Wie die ausreichenden militärischen Rüstungen zum Theil, so soll die Marine gänzlich den alleinigen Anstrengungen einzelner Staaten überlassen bleiben. So wird dasjenige, was großartig oder doch ausreichend durch ganz Deutschland geschehen könnte, immer nur kümmerlich oder halb durch einzelne Staaten geschehen.

So meinen viele Regierungen der Zukunft ruhig entgegengehen zu können!

IX.

Einwirkung des Bundes auf die innern Angelegenheiten der Staaten.

Je weniger eine bestimmte Seite der dresdener Conferenzen geneigt scheint, die Machtmittel herstellig zu machen, durch welche sich Deutschland gegen das Ausland schützen könnte, desto geneigter scheint dieselbe zu sein, die neuen Behörden mit genügenden Attributen zu versehen, um dem Inland gegenüber eine starke Politik durchzuführen.

Es ist in Dresden die von der Geschichte und der Politik längst abgethane Ansicht entschieden im Uebergewicht, daß die Revolution leicht verhindert werden kann, wenn die Polizei nur ordentlich aufpaßt. Aus einem solchen Gesichtspunkt sehen wir die Einsetzung einer neuen Vollzugsbehörde motivirt und eine großartige Armee des Innern von 125,000 Mann in Vorschlag gebracht.

Die Ansicht, daß die Revolution allein durch ein ehrliches, der Culturstufe des Volks und den dauernden Wünschen der großen Mehrzahl desselben entsprechendes Regiment gehemmt wird, die alte Ansicht, daß der Wille freier Menschen die sicherste Stütze der Throne ist, scheint jetzt einem verschärften Systeme der Repression Platz zu machen, welche von einem Centralpunkt ausgehend, die innern Verhältnisse der einzelnen Bundesstaaten ordnen soll.

Soweit bekannt lagen noch keine definitiven Anträge der zweiten Commission über diesen Gegenstand vor. Dagegen hat eine Subcommission derselben in der zweiten Hälfte des Februar in dieser Hinsicht Bericht erstattet und Vorschläge gemacht. Da erstere zu voluminös sind, begnügen wir uns, letztere in den Beilagen mitzutheilen.*) Wir zweifeln nicht, daß sie ziemlich unverändert an die Plenarversammlung gelangen werden.

Wir wollen den Inhalt der Vorschläge und des Berichtes hier in Kurzem darlegen:

1) Diejenigen Bestimmungen der Landesverfassungen, welche mit den Bundesgesetzen und speciell mit dem Princip der Untheilbarkeit der monarchischen Gewalt in Widerspruch stehen, sollen abgeändert werden.

Es werden indeß nur gelegentlich und beispielsweise als

*) Beilage 9.

solche bezeichnet: das Steuerverweigerungsrecht, jede Beschränkung des landesherrlichen Veto, die frankfurter Grundrechte, das allgemeine Wahlrecht, und wunderbarer Weise, die gesetzlich wohl nirgends existirende Verbindlichkeit des Fürsten, nach einer Veränderung der ständischen Majorität sein Ministerium zu entlassen.

2) Wenn zwischen Regierung und Ständen über Auslegung und Anwendung der Verfassung Streit entsteht, so tritt die Vermittlung des Bundes, eventuell eine gerichtliche Entscheidung ein.

Ob das Gericht einseitig vom Bunde oder wie sonst besetzt werden soll, läßt sich noch nicht angeben.

3) Allgemeine Steuerverweigerung seitens der Stände ist als Widersetzlichkeit anzusehen. Nichtbewilligung eines einzelnen Ausgabepostens hat vorläufig keine Wirkung, wenn die Regierung die Vermittlung des Bundes und eventuell gerichtliche Entscheidung anruft. Bis diese eingetreten ist, müssen die Stände die Geldmittel für den fraglichen Ausgabeposten bewilligen.

4) Wird ein Ausgabeposten für das Militärbudget nicht bewilligt, so entscheidet die Bundesversammlung selbst definitiv, ob die Verweigerung vom Standpunkt der Bundespflichten zulässig war.

5) Kommt es zu einem Einschreiten des Bundes auf Grundlage der Artikel 25, 26 und 28 der Schlußacte (Widersetzlichkeit, ständische Steuerverweigerung, Aufruhr, Gefährdung der Ruhe und Ordnung in mehreren Bundesstaaten durch gefährliche Verbindungen und Anschläge), so kann der Bund eine Prüfung der Verfassung und Gesetze des Landes vornehmen und eine Aenderung derselben bewirken.

Die Subcommission ist der Ansicht, daß diese Bestimmungen sämmtlich schon im alten Bundesrechte begründet sind, wie sie gleichfalls die Meinung ausspricht, daß die 1848 geschehene Abschaffung der Ausnahmegesetze nur so weit zu verstehen sei, als diese Ausnahmegesetze nicht Anwendung und Ausführung der Grundgesetze des Bundes enthielten — ein

Satz, der bekanntlich gegen Hessen schon seine Anwendung erhalten hat.

Von diesem Interpretationsstandpunkte sieht man, wie viel weiterer Anwendung, als der auf den ersten Schein hervortretenden, die mitgetheilten Vorschläge noch fähig sind.

Von diesem Interpretationsstandpunkte aus darf die kurhessische Regierung auch der günstigen Erledigung sämmtlicher Punkte der hessischen Verfassung, deren Abänderung sie wünscht und von denen sie ein langes Verzeichniß bei dieser Commission einreichte, wohl durchaus versichert sein.

Wir unsrerseits vermögen nicht anders, als in jenen vorgeschlagenen Bestimmungen etwas ganz Neues und den Grundgesetzen des Bundes Widersprechendes zu sehen, und selbst durch die bisherige Praxis des Bundes wird diese unsere Ansicht nur bestätigt. Die einfachste Kenntniß der Grundgesetze des Bundes lehrt, daß jene Bestimmungen die Competenz des Bundes, gegenüber der Selbständigkeit der einzelnen Staaten weit überschreiten, und beklagen wir nur, daß wir wenigstens zum Theil in dieser Ansicht mit dem baierischen Minister übereinstimmen, der doch ähnlichen Grundsätzen eine noch viel weitergehende und so grauenhafte Anwendung gegen das arme Hessen gegeben hat.

Wir haben indeß nicht die Absicht, uns hier auf eine Erörterung der bundesrechtlichen Fragen oder auf eine politische Erörterung der Unzweckmäßigkeit der fraglichen Bestimmungen einzulassen, nur Eine Frage liegt uns hier nahe: „wie vereinigen sich diese Bestimmungen mit der Souveränetät der preußischen Krone?“

Wenn die kleineren Staaten, wenn die Königreiche jenen Bestimmungen unterworfen werden sollen, so mag dies von einem andern Standpunkte aus beklagenswerth sein. Indessen diese Staaten haben nicht die Aufgabe einer Großmacht, haben nicht die absolute Nothwendigkeit einer freien Action, die Souveränetät Preußens hat eine andere Bedeutung als die rheinbündnerische Souveränetät.

Es wird dem Bunde und zwar, so weit ersichtlich, regelmäßig einer Behörde, in der Oestreich und die Königreiche die Majorität haben, durch die gedachten Bestimmungen ein directes Einmischungsrecht in die inneren Verhältnisse Preußens gegeben und selbst die preußische Verfassung zum Theil aufgehoben. Die sämmtlichen Finanzfragen des Staats können von der Regierung oder von den Kammern zur Entscheidung durch die Bundesbehörden gebracht werden.

Das bisherige Steuerbewilligungsrecht, so beschränkt es ist, ist dadurch im Ganzen und im Einzelnen in einer der Aufhebung nahekommenden Weise alterirt. Und wenn einmal in Folge einer Steuerverweigerung oder in Folge gefährlicher Verbindungen, ja selbst in Folge bloßer Anschläge, die Executivbehörde des Bundes sich in die innern Angelegenheiten des Staats eingemischt hat, so steht es Oestreich und den Königreichen sogar zu, die preußische Verfassung, ja die preußische Gesetzgebung nach ihrem Belieben zu ändern.

Und welche Art der Interpretation hierbei stattfinden kann, zeigt eben die hessische Angelegenheit. Gegen die Hessen wurden die Gesetze wegen Widersetzlichkeit angewendet, weil sie Steuern nicht bezahlten, welche die Ständeversammlung nicht hatte bewilligen können, weil ihr gar kein Einnahme- und Ausgabebudget vorgelegt war.

Wir sind freilich überzeugt, daß wenn auch schon einzelne jener Bestimmuugen sofort ihre Anwendung auf die preußische Verfassung finden würden — doch die österreichische Bundesbehörde in regelmäßigen Zeiten nicht wagen würde, eine Einmischung in die innern Angelegenheiten Preußens auszuüben; aber es sind auch eben keine regelmäßigen Zeiten, in denen die vollständige Unterdrückung eines Staates wie Preußen, versucht werden würde. Genug daß jene Bestimmungen Oestereich und den Königreichen das volle Recht geben, außer der Verfassung etwa z. B. das Militärsystem Preußens aufzuheben.

X.

Volksvertretung am Bunde.

Die Frage wegen einer neben der Vollzugsbehörde in dem Plenum des Bundestags zu schaffenden Volksvertretung ist nicht von der ersten Commission, sondern von der zweiten behandelt worden. Dieselbe hat dafür eine Subcommission ernannt, welche gegen Ende Februar der Beendigung ihrer Arbeiten nahe war.

Die Frage ist zu wichtig, als daß wir nicht einen Blick auf die Stellung der verschiedenen Parteien zu derselben werfen sollten.

Es versteht sich von selbst, daß Oesterreich, nach der ganzen politischen Lage seiner Monarchie, keine Volksvertretung wünscht. Fürst Schwarzenberg ist schwerlich geneigt, nur einmal die österreichische Reichsverfassung in Ausführung zu bringen, und so würde schon sogar die Möglichkeit fehlen, Ausschüsse des österreichischen Reichstags herzustellen. Ebensowenig wünscht man in Wien, daß auf die Bevölkerung Oesterreichs durch die weiter vorgeschrittene Cultur Deutschlands ein Einfluß ausgeübt werde, der in letzter Instanz zum Zerfall der Monarchie führen würde.

Die Regierungen der Königreiche, und wir glauben nur die hannoversche ausnehmen zu dürfen, sind offenbar um nicht viel liberaler als die österreichische; die baierische speciell hat in Hessen einen furchtbaren und unauslöschlichen Beweis davon gegeben, wie sie das constitutionelle Wesen, die Ansprüche der Humanität, des Rechts und der Billigkeit versteht, wo das Interesse ihrer Dynastie in Betracht kommt. Indessen jene Regierungen unterscheiden sich dadurch von der österreichischen, daß sie wünschen, den constitutionellen Schein zu bewahren. Die Unnatur dieser Kleinstaaten mit Königskronen und die feindliche Stellung ihrer Dynastien zu jeder nationalen Idee macht es den Regierungen wünschenswerth, sich auf den liberalen Sympathien eines Theils ihrer Unterthanen zu stützen, und macht es ihnen doch zugleich unmöglich, ein wirklich parlamentarisches Gouvernement eintreten zu lassen.

So entsteht in diesen Staaten der Scheinconstitutionalismus, der selbst als Begriff erst gerade ihnen seine Entstehung verdankt.

Die Bestrebungen Baierns und der übrigen deutschen Staaten seit 1848 und noch auf den dresdener Conferenzen werden selbst dem Kurzsichtigsten den Zweifel rauben, daß den Regierungen am Wenigsten ein wirkliches deutsches Parlament genehm wäre. Aber bei dem pronuncirten Wunsch in allen Klassen ihrer Bevölkerungen müssen sie ein deutsches Parlament fordern, vielleicht recht wohl wissend, daß es wahrscheinlich nicht zu Stande kommt, weil Oesterreich es nicht zugibt, oder daß es doch nur eine Scheinvertretung wird.

In diesen Staaten wie überhaupt in Deutschland, in der constitutionellen wie in der democratischen Partei gibt es noch immer Leute genug, und vielleicht in der Mehrzahl, welche das Glück und die Freiheit der Menschen von den Staatsformen abhängig glauben.

Die kleineren Regierungen wünschen zum überwiegenden Theile eine wirkliche Volksvertretung, theils aus freiheitlichen, theils aus nationalen Motiven, oder sie schließen sich unbedingt der preußischen Politik an.

Preußen, dessen Existenz und Macht auf dem Fortschritt gebauet ist, kann nur wünschen, daß eine Volksvertretung am Bunde stattfinde, und erstrebte dieselbe schon vor 1848. Die Union beruhte auf parlamentarischen Grundlagen, und da sie nur eine bloße militärische Allianz zu Oesterreich voraussetzte, lag es im preußischen Interesse und in der Natur der Sache, daß der damals sogenannte weitere Bund keine Volksvertretung habe. Daher ließ Herr v. Radowitz in Warschau Oesterreich den Eintritt in den Bund mit seiner gesammten Monarchie und das Einverständniß zugeben, daß keine Volksvertretung am Bunde stattfinde.

Nachdem es Herrn v. Manteuffel endlich gelungen war, Herrn v. Radowitz und die Union mit ihrem ganzen nationalen und liberalen Inhalt glücklich abzuthun, hatten sich die Verhältnisse vollständig verändert, und eine Vertretung des Volks am Bunde mußte, wenn nicht jetzt direct erstrebt, doch ihre Aufgebung wenigstens als eine große Concession behandelt werden, welche Gegenconcessionen fordere. Es ist bekannt, wie Herr v. Manteuffel am 3. November die Absicht hatte, den umgekehrten Weg einzuschlagen und nur noch der Graf Brandenburg auf seinem Sterbebette ihn daran verhinderte. Später wurde indeß dennoch thatsächlich die Volksvertretung am Bundestage aufgegeben und der Eintritt Gsammtösterreichs in den deutschen Bund ohne Gegenconcessionen zugegeben.

Wir wünschen dem Herrn v. Manteuffel nicht Unrecht zu thun und glauben gern, daß dabei nicht sowohl absolutistische Neigungen, sondern, wie bei der Ausbedingung der freien Conferenzen selbst, nur Mißverständniß der Ideen seines von ihm verbannten Collegen, und Mangel an Einsicht in die politischen Angelegenheiten mitwirkend waren.

Bei dem Hinzutritt des Grafen Alvensleben zu den Vorbereitungen für die freien Conferenzen wurde nunmehr folgendes System adoptirt: man habe allerdings auf eine Volksvertretung beim Bunde, die eine Gemeinschaft mit den Abgeordneten der österreichischen Gesammtmonarchie herbeiführe, zu verzichten, ja direct dagegen zuwirken, sich aber hierbei auf den Wunsch Oesterreichs zu beziehen. Hingegen wolle man bereit sein, eine solche Volksvertretung zuzugeben, ja selbst zu erstreben, welche aus den Abgeordneten der übrigen oder auch nur anderer deutscher Staaten zu bilden sei.

Die letztere Position ist entschieden richtig, die erstere dagegen wenigstens zum Theil falsch. Denn selbst eine Volksvertretung, an der die sämmtlichen österreichischen Provinzen heilnehmen, konnte kaum etwas Gefährliches haben. Wenn sich Oesterreich sollte einfallen lassen, auf dies Experiment einzugehen, so würde sich dasselbe durch die Verbindung der deutschen Abgeordneten mit denen der nur durch die rohe Gewalt an Oesterreich festgehaltenen Provinzen sehr bald zu einer erwünschten Lösung führen lassen.

Als das Schlimmste aber bei dieser ersten Position ergab sich, daß sie in sich unwahr war. Preußen mußte entweder geradeaus erklären, daß es die Vertretung am Bunde mit Oesterreich gemeinschaftlich wünsche oder daß es sie nicht zugeben werde, es durfte sich nicht hinter Oesterreich verstecken.

Um die Mitte Januar kam in der ersten Commission die Frage wegen einer Volksvertretung zur Verhandlung. Die Königreiche forderten eine Volksvertretung neben den Bundesbehörden. Dieselbe sollte nach ihrer Ansicht aus Ausschüssen der Stände-Versammlungen bestehen. Baiern wollte sie für Zoll- und Handelssachen competent wissen. Oesterreich, welches sich seit der warschauer Conferenz mit großer Bestimmtheit gegen diese Vertretung ausgesprochen hatte, erklärte jetzt nur, daß es Bedenken trage. Preußen sprach sich dahin aus, daß, weil Oesterreich keine Volksvertretung wolle, es demnach auch gegen dieselbe sei.

Die königlichen Bevollmächtigten wußten sehr wohl, daß Preußen, welches schon zu der Aufnahme der ganzen österreichischen Monarchie in den Bund seine Einwilligung gegeben hatte, keine Neigung zu einer so polyglottischen Vertretung habe. Um Preußen verhaßt und noch unpopulärer zu machen, beschuldigten die Hof- und Regierungsblätter in München und andern Königssitzen Preußen, daß es so absolutistisch und particularistisch sei, die Volksvertretung am Bunde nicht zu wollen. In Dresden wird seitdem die Sache so behandelt, als wenn Oesterreich die Volksvertretung noch gar nicht definitiv abgelehnt habe, als ob es blos mit Rücksicht auf Preußen sie nicht wünsche; der österreichische Bevollmächtigte scheint hierauf durchaus einzugehen, und Preußen wird in Folge seiner unentschiedenen und unmännlichen Haltung nunmehr von dem Freiheitsschwärmer Herrn v. d. Pfordten in den Augen der Nation zum Sündenbock gemacht werden dafür, daß die Nation der Volksvertretung verlustig geht; nur daß dieser Vorwurf durch die Gegner selbst sehr erleichtert zu werden scheint.

Denn die obenerwähnte Subcommission, der von der zweiten Comission der Bericht aufgetragen ist, erklärt sich dahin: allerdings sei eine Versammlung von Ausschüssen aus den Ständeversammlungen wünschenswerth, aber nur dann, wenn sich ihre Competenz dahin beschränke, daß sie nach Erledigung im Plenum nachträglich ihre Zustimmung nur zu solchen allgemeinen Einrichtungen und Gesetzen (gemeinnützigen Anordnungen) gebe, welche **nicht** unmittelbare Consequenzen der Grundgesetze des Bundes sind.

Nach der bisherigen Erfahrung zu urtheilen, und die künftige wird gewiß nicht besser sein, würde die Volksvertretung dann in den nächsten 33 Jahren nicht zusammenkommen — denn von 1815 bis 1848 hat der Bundestag nicht ein einziges Mal Angelegenheiten, die unter die gedachte Categorie gehörten, in Berathung genommen.

XI.

Eintritt der österreichischen Gesammtmonarchie in den Bund.

Vielleicht die wichtigste Abänderung des bestehenden Bundesrechts, welche von Oesterreich und den Königreichen gewünscht wird, ist die Aufnahme der österreichischen Gesammtmonarchie in den deutschen Bund, die wichtigste deshalb, weil sie den deutschen Bund zu einem nicht-deutschen Bunt, Preußen formell und thatsächlich zum Rivalen Baiern's und zum Garanten des österreichischen Systems in Ungarn, Gallizien und Italien macht und schließlich auf eine vollständige Subjection Preußens hinführt.

Es ist bekannt, wie auf Grundlage eines ganz andern Systems Herr v. Radowitz in die Aufnahme der österreichischen Monarchie in den Bund nicht nur einzuwilligen, sondern sie selbst anzubieten bereit war, weil er den weitern Bund in einem ganz andern rein völkerrechtlichen Sinne hoffte und in seiner Entnationalisirung und Erweiterung die Garantie für den preußischen Bundesstaat und desses rasches Wachsthum fand. Es ist bekannt, wie Herr v. Manteuffel nach dem Umschwung vom 2. November nicht begriff, daß mit dem Aufgeben der Union die Verhältnisse ganz andere geworden seien, daß er daher jene Concession bestehen lassen wollte und daß erst der Graf Brandenburg seinen Fehler gutmachen mußte.

Indessen mangelnder politischer Blick ist ebensowenig heilbar als eine feststehende politische Tendenzansicht. Auch in Dresden gestand Herr v. Manteuffel und natürlich ohne irgend eine Gegenconcession den verlangten Eintritt der österreichischen Gesammtmonarchie in den Bund zu. Mit großem Nachahmungstrieb und wahrlich, wie wir sogleich zeigen werden, mit noch größerer Kurzsichtigkeit ließ er verlangen, daß dann aber auch die ganze preußische Monarchie in den Bund eintreten müsse. Wir sagten: mit großem Nachahmungstrieb, denn es findet keine Gleichheit statt, wenn Oesterreich mit 24,160,000 Einwohnern, Preußen aber nur mit 497,000 dem Bunde beitritt.

Mitte Januar wurde der formelle Antrag auf Eintritt der österreichischen Monarchie im Schooß der ersten Commission gestellt. Es trat von keiner Seite eigentlicher Widerspruch ein; nur Ein Bevollmächtigter — wir meinen der Hannovers, welches ja weder den Vertrag von Bregenz noch den von Olmütz mitgeschlossen hatte — erhob einige Bedenken. Indessen dieselben wurden von österreichischer Seite durch die bestimmte Erklärung erledigt, daß der Eintritt Gesammtösterreichs in den Bund eine unbedingte Nothwendigkeit sei, weil unter den jetzigen Verhältnissen die Monarchie auch nicht einmal durch eine ideelle Linie in zwei Hälften geschieden bleiben könne. Gern und wohl nur zu gern ging man auf die verlangte Aufnahme der gesammten preußischen Monarchie in den Bund ein.

Die erste Commission hat dann ihren Antrag in Uebereinstimmung mit den Wünschen Oesterreichs und Preußens gestellt. Nur ein Mitglied wünschte zugleich die sofortige Feststellung der bei dieser Veränderung zu treffenden Bestimmungen.

Wird der Antrag der Commission jemals zu einem einstimmigen Beschluß erhoben, so ist damit das politische System Mitteleuropas in der Art verändert, daß Preußen aus der Reihe der Großmächte und der europäischen Mächte verschwindet, seine politische Stellung sich ungefähr auf die Baierns reducirt.

Wenn wir die österreichische Politik recht verstehen, so ist es ihr bei dieser Frage viel weniger darum zu thun, ideelle Linien, welche die Monarchie durchschneiden, zu entfernen, als darum, den Grund zu einem absoluten und unwidersprechlichen Uebergewicht über Preußen und demnächst über ganz Deutschland zu legen.

Die projectirte Executivbehörde gibt Oesterreich nur in Gemeinschaft mit den Königreichen ein entschiedenes und umfassendes Uebergewicht über Preußen. Der Eintritt Gesammtösterreichs in den Bund gibt ihm schließlich allein über Preußen und über alle deutsche Staaten die Herrschaft.

Seit zweihundert Jahren hat Oesterreich Deutschland im Wesentlichen nur dazu benutzt, seiner auswärtigen Politik mehr Nachdruck zu geben. Sein Einfluß in Deutschland hatte in letzter Instanz nur Kriegshülfe zum Ziel. Seit Friedrich dem Großen mußte es seine Stellung in Deutschland mit Preußen theilen. Die Bundesacte ist im Wesentlichen der Vertrag über eine gemeinschaftliche Hegemonie Oesterreichs und Preußens. Der Fürst Metternich suchte in der Fortsetzung der bisherigen österreichischen Erbpolitik Oesterreich aus Deutschland herauszuhalten; wie auf dem wiener Congresse suchte er daher auch später das Band der deutschen Staaten so locker als möglich zu halten. Seine Politik in Bezug auf die deutschen Verhältnisse war eine rein negative. Er war es, der dem deutschen Bunde in der wiener Schlußacte den Stempel eines „völkerrechtlichen Vereins“ aufdrückte und der den Bundestag von jeder Action abhielt und die Incompetenzerklärungen desselben veranlaßte. Er fürchtete die engere Verbindung Oesterreichs mit Deutschland, weil er die Rückwirkung auf die österreichische Monarchie fürchtete. Diese Furcht trieb den feingebildeten Staatsmann sogar dazu, Oesterreich gegen deutsche Wissenschaft und Literatur abzusperren.

Die neuere österreichische Politik ist eine andere. Die jetzigen österreichischen Staatsmänner haben gesehen, wie verderblich das System Metternichs der Monarchie wurde, sie haben gesehen, daß Oesterreich sich nicht von Deutschland absperren läßt und daß der unterdrückte deutsche Geist eben zum revolutionären wird. Sie wissen, daß man sich einer Bewegung, die man auf die Dauer nicht unterdrücken kann, sich bemeistern muß, und zugleich ist die neue österreichische Politik kühner, weil sie große Erfolge hinter sich hat und das jetzige Preußen geringschätzt.

Die jetzige österreichische Politik will nicht blos wie die frühere einen ihr nachtheiligen Einfluß Deutschlands paralysiren und sich für gewisse Fälle deutscher Hülfe versichern, sie will sich zu Deutschland nicht blos negativ stellen, sondern sie will in Deutschland die Initiative ergreifen und um nicht in Zukunft dem deutschen Einflusse zu erliegen, selbst einen positiven Einfluß gewinnen, sich der deutschen Geschicke bemeistern, ihre Herrschaft über Deutschland etabliren.

Das entscheidende Mittel dafür ist der Eintritt des ganzen Oesterreichs in den deutschen Bund. Der Bund hört dadurch auf ein deutscher Bund zu sein, sein Schwerpunkt fällt ausschließlich nach Wien. Von Rechtswegen bildet Oesterreich dann der Bevölkerung und noch mehr dem Territorium nach über die Hälfte des Bundes, und zwar die einzige compacte Hälfte gegenüber der andern in 34 Theile zerfallenden Hälfte. Es hat dann den Rechtstitel für das Verlangen, daß die ganze Action des Bundes sich nach den Bedürfnissen und den Wünschen dieser compacten Hälfte richte.

Es hat freilich nur $\frac{1}{5}$ der Stimmen in der Executive, nur $\frac{1}{8}$ im Plenum. Aber schon jetzt bauet das ganze officielle Räsonnement wegen der Reducirung der Stimmen der kleineren Staaten, ein Räsonnement, dem Hr. v. Manteuffel beigestimmt hat, darauf, daß, wie die Lasten so auch die Rechte der Staaten sich nach der Zahl ihrer Bevölkerungen richten müssen, und daß die beiden Großmächte auf die Anwendung dieses Princips zu ihren Gunsten nur freiwillig verzichtet haben.

Das führt denn bald dazu, daß Oesterreich seinen Verzicht zurücknimmt und entweder an dem Preußens festhält oder Preußen allenfalls eine verhältnißmäßige Vermehrung seines legalen Einflusses, der doch immer nur halb so groß wird als der österreichische, gestattet.

Was das Schlimmste ist, es wird Oesterreich mit vollem Recht und mit voller Wahrheit beanspruchen können, daß sich eine Macht, die nicht einmal $\frac{1}{4}$ des Bundes ausmacht, sich einer Macht, die über $\frac{1}{2}$ desselben erreicht, unterordne. Die rechtlichen Formen werden nicht fehlen. Die letzten dresdener Ereignisse zeigen, daß im Nothfall die österreichische Politik nicht einmal dieser Formen zu bedürfen glaubt und ihre Beobachtung nur den Gegnern zur Pflicht macht.

Ein durchschlagendes Mittel aber, um die Opposition Preußens zu beseitigen, sieht es jetzt schon darin, daß es Preußen selbst eine Opposition in Baiern erweckt. Oesterreich strebt schon seit dem Herbst 1848 nach einer territorialen Vergrößerung Baierns, aber schon jetzt ist Baiern, gestützt auf die andern Königreiche und dahinter auf Oesterreich, stark genug zu einer solchen Opposition. Ist Oesterreich erst die Hälfte des Bundes, dann ist der Abstand zwischen Oesterreich und Preußen größer, als der zwischen Preußen und Baiern. Die Bevölkerung Oesterreichs beträgt 20 Millionen Einwohner mehr, als die Preußens, die Preußens nur $11\frac{1}{2}$ Millionen Einwohner mehr als die Baierns. Während das Uebergewicht Oesterreichs unbestritten ist, wird Preußens Stellung im Bunde bestritten sein, und während Preußen und Baiern rivalisiren, wird Oesterreich über beide herrschen.

Das wird eine unausbleibliche Folge des vom Hrn. v. Manteuffel zugestandenen Eintritts Oesterreichs in den gesammten Bund sein.

Wir könnten hieneben ganz davon absehen, daß Preußen und das übrige Deutschland durch die Annahme jenes Antrags zugleich die Verpflichtung übernehmen, in Italien, in Gallicien und Ungarn das österreichische System mit den Waffen aufrecht zu halten und dem Zuge der österreichischen Politik an die Donau und den Po zu folgen. Wir dürfen aber deshalb doch nicht unterlassen, diesen Punkt hervorzuheben, weil dadurch die Politik Preußens und des übrigen Deutschlands alle selbständige Bewegung und was schlimmer, jede Berücksichtigung des eigenen Interesses verliert — etwa zum Besten einer großartigen neuen, deutschen Politik? Das londoner Protocoll, die factische Aufgebung Schleswigs, die freiwillige Uebergabe norddeutscher Festungen an den Feind, diese ganze Preisgebung der deutschen Interessen im Norden gibt darauf eine beredte Antwort.

Wir kommen aber noch auf einen andern Punkt, der schon jetzt gleich seine Bedeutung erhalten wird und eng damit znsammenhängt, daß nicht nur Gesammt-Oesterreich in den Bund eintreten soll, sondern nach dem ausdrücklichen Verlangen des Hrn. v. Manteuffel auch ganz Preußen.

Es ist bezeichnend, daß die zweite überwiegend österreichisch gesinnte Commission alle bisherigen Functionen des Bundes den beiden neuen Räthen zugetheilt hat, nur nicht — das Recht Krieg zu erklären und Frieden zu schließen. Sie deutet in ihrem Berichte an, daß sie dies habe aufschieben müssen, bis eine definitive Entscheidung über die Frage wegen des Bundesgebiets getroffen sei, womit die über eine Abänderung des Art. 37. ff. der wiener Schlußacte zusammenhänge.

Die Sache ist einfach: nach dem bisherigen System gehörten Oesterreich und Preußen nur mit einem Theile ihrer

Provinzen zum deutschen Bunde, ihre europäische Stellung basirte auf dem außer-deutschen Theil. Während ein reiner Bundesstaat nach Art. 37. ff. der wiener Schlußacte keinen Krieg führen durfte, waren Oesterreich und Preußen in ihrer politischen Bewegung durchaus ungehemmt und hatten zugleich den Vortheil, daß alle übrigen Staaten ihnen ihr im Bunde belegenes Gebiet schützen mußten.

Denken wir uns Oesterreich und Preußen mit allen Provinzen innerhalb des Bundes, so würden auch sie keinen Krieg anfangen und keinen Frieden und keine Bündnisse schließen dürfen; wie bisher die reinen Bundesstaaten, würden sie etwaige Streitigkeiten mit dem Auslande der Prüfung der Bundesbehörden, und eventuell die Durchführung ihrer Rechte und Interessen dem Bunde überlassen müssen. Zu Krieg und Frieden würde es der Zustimmung aller Bundesglieder bedürfen. Eine auswärtige Politik würde Oesterreich und Preußen nur in dem Sinne wie Baiern und Kurhessen behalten — eine auswärtige Politik lediglich zur Befriedigung der Eitelkeit.

Dies würde offenbar zu einem durchaus ungereimten Verhältnisse führen.

Durchaus nicht so ungereimt würde es aber sein, wenn Einem Staate das Recht des Kriegs und Friedens und der Allianzen allein anheimfiele, sei es nun thatsächlich und materiell oder sogar rechtlich und formell. Es wird sogar, wenn nicht die ganze deutsche Politik ruinirt werden soll, eine solche Bestimmung absolut nothwendig werden.

Welcher Staat würde dann die einheitliche Leitung der deutschen Politik erhalten, derjenige Staat, der über die Hälfte des Bundes, oder derjenige, der unter einem Viertheil umfaßt?

Der höhere Flug der österreichischen Politik, unbehemmt durch Tendenzrücksichten, wird nicht einmal wünschen, daß die überwiegend österreichische Executivbehörde das Recht des Kriegs und Friedens ausübe, womit Oesterreich vielleicht zufrieden sein könnte, und wodurch allein schon Preußen aus der

Reihe der europäischen Mächte gestrichen wäre. Das preußische Ministerium der auswärtigen Angelegenheiten würde dann ohne Nachtheile für den Staat eingehen können, wonach eine gewisse Partei auch schon seit lange gestrebt zu haben scheint.

Und Hr. v. Manteuffel hat — wir sind bei diesem Punkte fest überzeugt, daß er nicht ahnte, was er that — zugegeben, daß das gesammte Oesterreich in den deutschen Bund eintrete, ehe er sich versicherte, wie es mit dem Rechte des Kriegs und des Friedens werde, ja er ist in dem Maße in die vom Gegner gelegte Schlinge eingegangen, — daß er selber die Aufnahme des noch nicht in den Bund aufgenommenen Theils von Preußen verlangte!

Allerdings wird aber auch Preußen später, wenn der Commission es gefallen haben wird, über den merkwürdiger Weise übergangenen Punkt nachträglichen Bericht zu erstatten, erfahren, was man für gut finden wird, in Betreff des Rechts über Krieg und Frieden zu dictiren.

XII.

Die Plenarversammlung.

Wir haben im Obigen das System dargelegt, durch welches Oesterreich und die Königreiche unter dem Titel einer Reorganisation Deutschlands die Macht, ja selbst die selbständige Stellung Preußens in Deutschland zu brechen wünschen. Die Haupttheile dieses Systems sind:

1) eine österreichisch-königliche Centralgewalt, die in den militärischen, polizeilichen, legislativen, auswärtigen Beziehungen nicht nur Preußens Einfluß auf das übrige Deutschland ausschließen, sondern die in diesen Beziehungen auf Preußen selbst einen positiven Einfluß ausüben würde;

2) die Abhängigkeit des Unirungsrechtes von der Entscheidung einer sehr zweifelhaften Majorität der zweiten Bundesbehörde;

3) die Constituirung eines positiven Einmischungsrechts in die Verfassungsangelegenheiten, ja sogar in die Gesetzgebung des preußischen Staats;

4) die Aufnahme ganz Oesterreichs in den Bund, die Gleichstellung Preußens mit Baiern, die Verlegung der preußischen Politik von Berlin nach Wien, und endlich durch die Aufnahme ganz Preußens in den Bund die Gefährdung des Rechts von Krieg und Frieden.

Wir haben daneben gezeigt, wie als Ersatz dafür noch das nationale Vertheidigungswesen zur See im Keime erstickt, das zu Lande geschwächt und gelähmt und die letzten Reste eines parlamentarischen Systems zerstört werden sollen.

Fürst Schwarzenberg und Hr. v. d. Pfordten waren so glücklich gewesen zu erreichen, daß die beiden Hauptpunkte, auf denen die Unterdrückung Preußens beruhte, der erste und der vierte, von dem preußischen Ministerpräsidenten nicht nur gebilligt, sondern zum Theil mit beantragt worden waren. Hr. v. Manteuffel hielt das Bündniß mit Oesterreich „gegen die Revolution“ werth genug dazu.

Es gilt einer gewissen Partei als Glaubenssatz, daß eine geistige Bewegung, die nur durch die Macht der Wissenschaft und Religion besiegt werden kann, oder die politische Bewegung, der stets nur durch ehrliches und gutes Regiment vorgebeugt wird, durch das Bündniß zweier oder dreier Großmächte bekämpft werden muß, ein Bündniß, welches nach bisheriger Erfahrung die zu vermeidenden Uebel erst hervorgerufen oder vergrößert hat. Natürlich haben diese Ideen nicht in Wien, sondern nur in Berlin ihren Sitz. In Wien sind sie nur der Lockruf, um Gimpel, aber auch um den Adler Friedrichs des Großen einzufangen. Die absolutistische Politik Oesterreichs ist keine Tendenzpolitik, weil sie eben nicht die Politik einer Partei auf Kosten des Ganzen ist. Eine absolutistische Politik Preußens im Bündnisse mit Oesterreich und Rußland ist Tendenzpolitik, weil sie im Widerspruch mit den Grundlagen und der Selbständigkeit des preußischen Staats nur der Partei nutzt und dem Ganzen schadet. Nicht Oesterreich, sondern Preußen wird daher immer die Kosten „des Bündnisses gegen die Revolution“ zu bezahlen haben.

Die Abschlagszahlung, die Oesterreich in Dresden von Preußen verlangt hatte, war richtig zugestanden. Nur die kleinen Staaten schienen zum Theil nicht geneigt, ihren Antheil an dieser Zahlung zu berichtigen.

Außerdem drang Graf Alvensleben, der von Anfang an die an Oesterreich ohne Entgelt gemachten Concessionen gemißbilligt und seit dem Anfang des Januar entschieden dem alten Bundestage zugestrebt hatte, wiederholt darauf, daß Preußen das Copräsidium von Oesterreich mit Bestimmtheit fordere.

Um dem Widerstande der kleinen Staaten ein Ende zu machen, forderte Fürst Schwarzenberg Hrn. v. Manteuffel zu einer Zusammenkunft in Dresden auf.

Es war die Absicht Oesterreichs, ohne sich an einen Widerspruch der kleinen Staaten zu kehren, die sofortige Einsetzung des neuen Centralorgans mit Preußen und den Königreichen zu bewerkstelligen. Eine solche Zumuthung machte man der Regierung eines Königs, der mit religiöser Gewissenhaftigkeit eine Kaiserkrone ausgeschlagen hatte, weil die Zustimmung einiger weniger deutschen Fürsten fehlte.

Herr v. Manteuffel war indeß, wenn wir danach urtheilen, was sein Organ, die Deutsche Reform und die Neue Preußische Zeitung damals schrieben, bereit, auf einen solchen Plan eines indirecten Zwanges gegen seine eigenen Verbündeten einzugehen und das System, welches wir oben dargelegt haben, in Gemeinschaft mit Oesterreich auszuführen. Beide Blätter begleiten die Abreise des Ministerpräsidenten mit Artikeln, welche eine rasche außerordentliche Lösung theils bedingt, theils unbedingt empfehlen und welche die Opposition der kleineren Staaten mißbilligen.

Nur Einen Punkt, die Bewilligung der Parität wurde als Etwas hingestellt, welches Preußen erreichen müsse. Früher hatte Herr v. Manteuffel auf diesen Punkt nicht bestanden, er hatte Oesterreich alle jene Concessionen gemacht, ohne als Bedingung derselben die freilich mehrmals angeregte Parität hinzustellen. Persönlich sind wir überzeugt, ohne diese Ueberzeugung Jemand aufdringen zu wollen, daß Herr v. Manteuffel die Parität entweder gern ganz oder gegen eine Scheinparität darangegeben haben würde, wenn nicht andere Einflüsse ihn genöthigt hätten, diesen Punkt jetzt zur Sprache zu bringen und zu einer Bedingung zu machen. Wir haben schon gesagt, daß Graf Alvensleben wiederholt diesen Punkt in seinen Berichten zur Sprache gebracht hatte.

In Dresden verlangte der Fürst Schwarzenberg von Herrn v. Manteuffel die Annahme der Commissional-Vorschläge in Bausch und Bogen und die sofortige Einsetzung der Executivbehörde, wobei den renitirenden Staaten freizulassen sei, ob sie sich daran betheiligen wollten oder nicht. Diejenigen, welche sich nicht sollten betheiligen wollen, seien bis zu ihrem Zutritt von aller Theilnahme am Bundesregiment auszuschließen.

Die Motivirung der plötzlichen Eile, welche Oesterreich überkommen hatte, glauben wir im Interesse einer deutschen Macht, welche Oesterreich immer bleibt, übergehen zu müssen. Sie basirte auf den Verhältnissen der Levante und Norditaliens. Falls man in Dresden zu keinem Resultat kommen sollte, zeigte der Fürst im Hintergrunde ein anderes System, die deutschen Verhältnisse zu ordnen, nach welchem Oesterreich Nichts gegen eine territoriale Vergrößerung Preußens einzuwenden haben würde, dagegen aber eine bedeutende Vergrößerung Baierns verlangte. Mit Würtemberg und Hannover schien Oesterreich nicht durchaus zufrieden. Im Wesentlichen trat jenes System zum Vorschein, welches wir oben bezeichnet haben: das einer ausschließlichen Herrschaft Oesterreichs durch das Gleichgewicht zwischen Preußen und Baiern.

Das Zugeständniß der Parität wurde von Oesterreich abgelehnt und höchstens Bereitwilligkeit gezeigt, eine Scheinparität zu gewähren. — Ein Zurückgehen auf den alten Bundestag in Folge einer Resultatlosigkeit der dresdener Conferenzen wurde von Oesterreich wenigstens in Zweifel gezogen.

So hatte es die seltene Staatsweisheit des Herrn v. Manteuffel denn glücklich seit dem Tage von Olmütz dahin gebracht, daß er nunmehr das wünschte, was er damals für das gerade zu Vermeidende erklärt hatte, und daß Oesterreich das schon verweigerte, was es früher sogar gefordert hatte.

Die neuen Pläne, mit denen Oesterreich so plötzlich hervorgetreten war, veranlaßten die Reise des Herrn v. Manteuffel nach Berlin, durch welche das preußische Interesse allerdings nur gefördert wurde. Ihr folgten dann mehrere Conferenzen mit dem Fürsten Schwarzenberg, an denen wir Graf Alvensleben auffallender Weise nicht theilnehmen sehen.

Diese Conferenzen führten indeß nicht zu einer Einigkeit. Von mehreren Seiten und auch von Herrn v. Manteuffel wurde das unerhört eilige Verfahren, welches Oesterreich plötzlich eingeschlagen hatte, nachdem es alle seine Wünsche erreicht hatte, durch einen Aufschub zu beseitigen gewünscht. Oesterreich konnte denselben nicht verhindern.

Die Plenarversammlung vom 23. Februar hatte daher nur keine entscheidende Bedeutung.

Wir wollen indessen das Wichtigste über den Gang dieser Plenarversammlung hervorheben.

Der Fürst Schwarzenberg eröffnete dieselbe mit der Erklärung, daß Oesterreich den Anträgen der beiden Commissionen im Allgemeinen zustimme, für Einzelnes noch sich nähere Erwägung vorbehalte und auf sofortige Einsetzung des neuen Centralorgans antrage.

Auch Hr. v. Manteuffel erklärte dann, daß die preußische Regierung im Allgemeinen mit den Anträgen der Commissionen übereinstimme, indem er sich ungefähr ausdrückte: „die preußische Regierung ersehe mit Genugthuung, daß die Motive, welche sie geleitet, zum Theil dieselben seien, welchen die Commissionen gefolgt seien.“ Er erkannte an, daß die Einsetzung eines Centralorgans nothwendig sei, beantragte indeß eine 14tägige Frist zur Erklärung über die Bildung und Einsetzung des Centralorgans.

Von österreichischer Seite wurde diesem Antrage beigetreten.

Auf Anlaß Baierns wurde dann eine sofortige vorläufige und nicht bindende Erklärung der Staaten über die Commissionalvorschläge beantragt. Es wurde auf diese vorläufige Abstimmung, obwohl sie zwecklos war, eingegangen. Wir wollen die Resultate derselben hier in Kurzem angeben:

Es sprachen sich außer Oesterreich und Preußen, deren wir schon erwähnt haben, für die Anträge im Allgemeinen aus: Baiern, Sachsen, Hannover, Würtemberg (die napoleonischen Königreiche verlangten nur, daß die Schaffung einer Marine von Einstimmigkeit abhängig werde), ferner Kurhessen, Braunschweig, Nassau, Rudolstadt, Lichtenstein und die beiden Reuß.

Dagegen sprachen sich aus: Baden, das Großherzogthum Hessen, die beiden Mecklenburg, Weimar, Dessau, Oldenburg, Bernburg, Meiningen, Coburg, Altenburg, Lippe, Waldeck, und in einer sehr bestimmten Weise die vier freien Städte.

Zweifelhaft, aber mehr für als gegen die Anträge erklärten sich Sondershausen und Schaumburg-Lippe.

Holstein-Lauenburg, Luxemburg-Limburg und Homburg hielten jede Aeußerung zurück.

Die Abstimmung enthält wenig Unerwartetes außer der Erklärung Braunschweigs und Nassaus, deren Regierungen bisher stets den nationalen Weg gegangen sind. Braunschweig und Nassau stimmten nur aus höchstem Unwillen über das Verfahren Preußens für Oesterreich und die Königreiche; stimmte doch Preußen selbst gegen Preußen. Braunschweig und Nassau waren es überdrüssig, von der gegenwärtigen Politik Preußens benutzt zu werden, dieser neueren Politik, welche nur die Feinde belohnt und die Freunde bestraft. Wir bedauern, daß Braunschweig und Nassau verkannten, daß ihre Abstimmung eine bleibendere Bedeutung habe und der Nation gelte.

Allerdings hatte sich Hr. v. Manteuffel in den gedachten Worten, die freilich wie die österreichischen die Beschränkungen eines „zum Theil" hatten, ausdrücklich mit dem Wesen derjenigen Vorschläge einverstanden erklärt, welche Preußens bisheriger Stellung und Selbständigkeit ein Ende machen. Er hatte es nicht einmal gewagt, nicht einmal andeutungsweise gewagt, die Parität zur Sprache zu bringen.

Es schneidet durch die Seele, wenn man dann die nachfolgen den Erklärungen der Königreiche liest, welche mit dem Ausdruck der Freude darüber beginnen, daß, wie sie sähen, Oesterreich und Preußen vollständig einig seien.

Es handelte sich bei ihnen darum, diese Uebereinstimmung zu constatiren, zu constatiren, daß Preußen gegen Preußen gestimmt habe.

Noch Eines Punktes müssen wir erwähnen, der in jener Plenarversammlung zur Sprache kam: die Frage, was die Folge einer Resultatlosigkeit der dresdener Conferenzen sein werde?

Hr. v. Manteuffel hatte erklärt, komme nach den 14 Tagen keine Einigung zu Stande, so behalte man sich weitere Schritte vor und werde zeigen, daß man wie Oesterreich schnell zum Ziele zu kommen wünsche.

Oesterreich erwiderte hierauf entsprechend und hob hervor, daß es dabei im engsten Einvernehmen mit Preußen handeln werde.

Schließlich erklärte dann unter Zustimmung Sachsens Hr. v. der Pfordten: In Dresden könne nur etwas Neues zu Stande kommen. Einem Beschluß, auf den Bundestag zurückzukehren, werde Baiern seine Zustimmung versagen. Zuletzt fügte der gewissenhafte Pacificator Hessens hinzu: ein solcher Beschluß sei gegen die feierlichen Zusagen, die der deutschen Nation gegeben seien.

Also auch über den Punkt, was eintreten werde, wenn nicht alle Staaten sich über Ein Neues vereinigten, war die Situation unklar geblieben. Dem Uneingeweihten mußte es scheinen, als ob Oesterreich und Preußen vollständig einig seien, dem Eingeweihten die Furcht entstehen, daß Oesterreich und Preußen sich auf Kosten Preußens und der Nation doch noch einigen könnten.

XIII.

Die Lage.

Von dem Augenblicke an, wo Preußen beschloß, die politischen Pläne zweier Jahre aufzugeben, und es damit feststand, daß die Nation wieder auf das Verhältniß eines völkerrechtlichen Bundes zurückkehren werde, war es für Preußen allein richtig, sofort auf den alten Bundestag zurückzugehen.

Dasselbe was im November 1850 richtig war, ist es noch im März 1851.

Nur der Unterschied ist eingetreten, daß jetzt die Richtigkeit jenes Satzes selbst den blödesten Augen erkennbar ist. Das System, welches auf den dresdener Conferenzen sich durch die Coalition Oesterreichs mit den Königreichen und durch die dieser Coalition entgegenkommende Politik des Herrn v. Manteuffel geltend gemacht hat, ist Preußen und der deutschen Nation gleich verderblich: es ist die Unterdrückung Preußens und der kleinen Staaten zu Gunsten Oesterreichs und zu Gunsten derjenigen Existenzen, welche sich stets einer nationalen Zusammenschließung widersetzen werden.

„Königlicher" Seits wurde in der letzten Plenarsitzung hervorgehoben, ein Zurückgehen auf den Bundestag werde eine Armuthserklärung der Regierungen sein.

Es beruht diese vielfach getheilte Meinung auf dem verbreiteten Irrthum, als komme es darauf an, etwas Anderes, und nicht etwas Besseres zu schaffen.

Das Bessere, was Nation und Regierungen 1848 schaffen wollten, war eine enge staatliche Einigung. Seitdem man dies Ziel aufgegeben hat, seitdem man also auf das völkerrechtliche Verhältniß des Bundes zurückgegangen ist, ist es überhaupt nicht möglich, etwas viel Besseres zu schaffen, als die Form des Bundes von 1815. Diejenige Form wenigstens, welche man jetzt in Dresden hat schaffen wollen, ist nicht blos ein Anderes, sondern ein Schlimmeres.

Die Verbesserungen, deren der Bundestag fähig ist, werden eben so gut durch den Bundestag in Frankfurt als durch die Conferenzen in Dresden beliebt werden können; will man eine sogenannte Stärkung der Executive, so ist der richtige Weg dazu der, daß die Ausführung der Bundesbeschlüsse von den beiden Großmächten erfolge.

Wenn jetzt nur noch etwas Schlimmeres zu Stande kommen kann, so ist es besser, daß eine Vertagung in der deutschen Frage eintritt. Vielleicht wird sogar Oesterreich später einsehen, daß es in seinem Interesse liegt, die Frage des Einflusses zwischen ihm und Preußen auf friedlichem Wege zu einer definitiven Entscheidung zu bringen.

Jetzt jedenfalls aber bedarf Deutschland eines Endes der Provisorien und der Streitigkeiten durch Gewinnung eines gemeinschaftlichen Rechtsbodens, durch Gewinnung eines Organs, um die brennenden Fragen in Holstein-Schleswig und Hessen zu erledigen.

Und dies Organ kann jetzt nur noch der Bundestag sein.

Ein Theil der deutschen Regierungen tagt schon in Frankfurt und läßt auch nach der Eröffnung der dresdener Conferenzen noch Acte einer scheinbar legalen Regierung über Deutschland ergehen. Es bleibt nur übrig, daß die dort noch fehlenden Regierungen gleichfalls den Bundestag beschicken. Sie verweigerten diese Beschickung früher, weil sie einen Bundesstaat errichten wollten, es ist nur consequent, daß sie ihn insgesammt oder einzeln beschicken, nachdem sich allerdings in Dresden wenigstens soviel herausgestellt hat, daß eine bundesstaatliche Verfassung dort nicht mehr zu Stande kommen wird.

Allerdings hat Hr. v. d. Pfordten Recht, daß er dazu nicht des Beschlusses der dresdener Conferenzen bedarf. Aber eben so gewiß würde kein Mitglied des Bundestags in Frankfurt es wagen, diejenigen Regierungen, die kommen, um den frankfurter Bundestag zu einer legalen Behörde zu machen, ausschließen zu wollen. Es würde das nicht minder eine widerrechtliche Anmaßung der Bundesgewalt sein, als wenn ein Theil deutscher Staaten die Anträge der ersten Commission ohne Theilnahme der andern Staaten ins Werk setzen würde.

Auch Preußen kann noch in jedem Augenblicke diesen Weg gehen.

Wenn Hr. v. Manteuffel sich auch mit dem Plan der beiden Commissionen einverstanden erklärt hat, so ist doch wenigstens die Gegenforderung der Parität noch rechtzeitig gemacht worden.

Wie aber, wenn diese Parität von Oesterreich zugestanden wird? Wir haben keinen Zweifel darüber, daß auch, wenn die Parität zugestanden wird, ein Zurückgehen auf den Bundestag gleich nothwendig für Preußen ist.

Das Copräsidium ist gewiß ein sehr wünschenswerthes Recht, aber es ist ein Recht, welches ohne eine nennenswerthe materielle Bedeutung, ein bloßes Ehrenrecht ist. Schon bei der Eröffnung der Bundesversammlung erklärte der Präsidial-Gesandte: „Se. Majestät betrachten sich als vollkommen gleiches Bundesglied. Sie erkennen in dem eingeräumten Vorsitz bei dem Bundestag kein wahres politisches Vorrecht, sondern ehren darin nur die schöne Bestimmung einer Ihnen anvertrauten Geschäftsleitung."

Da der Art. 5. der Bundesacte nun noch ausdrücklich bestimmt, daß das Präsidium keinen Antrag zurückweisen kann, so ergibt sich, daß in den sogenannten Präsidialbefugnissen durchaus keine Directorialgewalt liegt. Es ist dies auch immer anerkannt und in den 33 Jahren des Bestandes der Bundesversammlung hat sich auch niemals ein practischer Vortheil ergeben, der für Oesterreich aus dem Präsidium erwachsen wäre.

Im Sommer des vorigen Jahres hat ihm dasselbe allerdings die Berufung des Plenumn und des engeren Raths erleichtert, indeß auch nur erleichtert. Denn wäre die Sache eine andere geworden, wenn Oesterreich das Präsidum nicht gehabt hätte und mit seinen Anhängern die Bundesversammlung doch wieder aufgenommen hätte? An Formen kehrte sich Oesterreich doch nicht, wenn sie ihm nicht convenirten: hätte es sonst eine Regierung, die mit dem deutschen Bunde Krieg führte, an der prätendirten Regierung des Bundes theilnehmen lassen können?

Das Copräsidium Oesterreichs und Preußens ist ohne eine practische Bedeutung, eben nur von der Bedeutung einer Etikettenfrage. Wir beabsichtigen es dadurch in seiner Werthschätzung nicht zu verringern, sondern nur dieselbe gegenüber ungemessenen Parteidarstellungen auf das richtige Maß zurückzuführen. Wir halten diese Parität für etwas sehr wünschenswerthes, weil sie dem letzten nur noch in der Form bestehenden Unterschied zwischen Oesterreich und Preußen ein Ende macht.

Aber eben als bloße Etikettenfrage ist sie von viel geringerer Bedeutung als jede Frage, bei der es sich um einen reellen Einfluß handelt. Wenn Oesterreich, woran es nur durch eine große, aber gerade in Wien sehr erklärliche Verblendung gehindert werden kann, jetzt diese Etikettenfrage zugestände, so würde Preußen nicht nur die Majorität in der Bundesregierung verlieren, Oesterreich und den Königreichen einen Antheil an der Regierung Preußens einräumen, sondern auch das Recht der Union sich gefährden lassen, seine innere Gesetzgebung unter den Einfluß Oesterreichs und der Königreiche stellen und durch den Eintritt von ganz Oesterreich in den Bund sich auf die Zeit vor Friedrich dem Großen zurückweisen und in Wahrheit mediatisiren lassen.

Nicht einmal einem einzigen dieser Punkte gegenüber hat die sogenannte Parität irgend einen Werth. Was hilft scheinbare Gleichstellung neben factischer Unterwerfung? *Jede Stimme, die für Preußen durch die Unterdrückung einer Stimme der kleinen Staaten verloren geht, ist für Preußen von größerem Werth, als das Zugeständniß eines Copräsidiums am Bunde.*

Preußen ist, Dank sei es der von seinem Ministerpräsidenten weder hervorgerufenen noch unterstützten Opposition der kleineren Staaten, in der glücklichen Lage auch dann noch, wenn von Oesterreich das Copräsidium zugestanden werden sollte, auf den alten Bundestag zurückgehen zu können.

Die kleineren Staaten, welche zum größeren Theil noch national gesinnte Regierungen haben, werden ohne Zweifel daran festhalten, daß jede Einbuße an legalem Einflusse, den sie erleiden, Staaten zum Vortheile gereicht, welche das stärkste Hinderniß einer künftigen nationalen Einigung bilden. Auch nach dem Ablauf der 14 Tage werden sie ihr Nein gegen die beabsichtigten Veränderungen einlegen.

In legaler Weise und ohne Anerkennung eines revolutionären Princips kann die Bundesverfassung nicht abgeändert werden, wenn auch nur ein einziger Staat der Abänderung widerspricht. Das ist im Art. 7. der Bundesacte bestimmt, welche die Grundlage des öffentlichen Rechts von Deutschland, den Grundvertrag bildet.

Preußen, ganz abgesehen von seinem Interesse, hat in gleicher Weise Beruf und Pflicht zu verhindern, daß auch nur einem einzigen Staate Zwang, sei es directer oder indirecter, angethan werde. Ein indirecter Zwang wäre es, wenn die übrigen Regierungen die Neugestaltungen ins Leben führten und den Dissentienten das Protocoll offen halten würden.

Preußen hat deshalb dazu Beruf und Pflicht, weil sein König im Jahre 1849 eine Krone, die ihm von den „12 Vertretern der deutschen Nation" unter Zustimmung von 8 deutschen Regierungen angetragen wurde, weil einige Regierungen dissentirten, nicht nur zurückwies, sondern sogar den Dissentienten die nöthige Hülfe anbot und verlieh, um sie gegen einen indirecten Zwang zu schützen.

Diesem Factum gegenüber sind wir in dieser Hinsicht über die nächste Zukunft beruhigt, was an Vermittelungsplänen auch ministerielle Tendenzpolitik wünschen und Mangel an Einsicht beschließen möchte.

Wir können uns entheben, einen Rückblick auf die Politik zu werfen, welche das preußische Ministerium des Auswärtigen seit der Eröffnung der dresdener Conferenzen bis zu der Plenarversammlung befolgt hat. Es hat sie ja auch noch gerade in der letzten Zeit durch einen seltsamen Act bezeichzeichnet. Derjenige Diplomat, welcher im Jahre 1846 als preußischer Gesandter in Wien auf den Wunsch Oesterreichs und gegen den Willen seiner Regierung den unheilvollen und die politischen und materiellen Interessen Preußens schwer verletzenden Vertrag wegen der Vernichtung Krakaus und dessen Preisgebung an Oesterreich unterzeichnete — ist jetzt wieder zum Gesandten in Wien designirt, an der Stelle eines Mannes, dessen preußische Gesinnung sich nach wie vor dem 2. November in gleicher Weise bewährt und dem Fürsten Schwarzenberg allerdings weder vor noch nach dem 2. November gefallen hat. Wohin Preußen durch diese Politik gerathen wird, vermag Niemand zu bestimmen; wohin es gerathen ist, zeigen die dresdener Vorgänge.

Preußen oder vielmehr sein Ministerpräsident hat freiwillig, ungenöthigt allen Positionen eines Systems zugestimmt, welches jeder andere Staat sich erst nach einer Reihe von Niederlagen aufdringen lassen würde. Wenn Preußen gerettet wird, so liegt die Ursache nur daran, daß sich noch kleine Staaten fanden, welche größeren Muth oder größere Einsicht hatten, als der Vertreter der preußischen Großmacht.

Wir wünschen nicht darzulegen, wie das Urtheil über diese unerhörte Politik bei Feinden und Freunden übereinstimmt, und wie es sogar mit gewöhnlicher Verwechselung sich auf Preußen selbst ausdehnt — ein Urtheil, wie es im Jahre 1806 wahrlich bei Weitem nicht ungünstiger war. Wir wünschen nicht darzulegen, wie in Folge dieser Politik schon die Bevölkerung des übrigen Deutschlands dem für die Nation verderblichsten aller Irrthümer Raum gibt, als ob Preußen nicht das Ferment der deutschen Zukunft, sondern ein zu vernichtendes Hinderniß sei. Wäre Fürst Schwarzenberg dem Rathe des Herrn v. d. Pfordten gefolgt und hätte in der holstein-schleswigschen Angelegenheit eine nationale Politik verfolgt, Preußen würde vielleicht schon jetzt in Dresden die Folgen jenes Irrthums in einer freudig anerkannten Suprematie Oesterreichs empfinden.

Der preußische Ministerpräsident hat es jetzt schon dahin gebracht, daß für Preußen das zum Ziele wird, was es noch vor zwei Monaten um Alles vermeiden wollte. Dieselben Eigenschaften des Herzens und des Verstandes werden Preußen von Schritt zu Schritt in dieser Weise weiter hinabführen, bis wir am Ende angelangt sein werden. Möge Gott Preußen und die deutsche Nation schützen!

Beilagen.

1.

Die Commissionen der Conferenzen.

Die erste Commission beräth die Organisation der obersten Bundesbehörde, wie den Umfang des „Bundesgebiets“. Die in Frage kommenden Artikel der Bundesacte sind Art. I. IV. V. VI. VII. VIII. IX. Von der Schlußacte kommen Art. VI. VII. VIII. IX. X. in Betracht.

In derselben hat den Vorsitz: Oesterreich, und wird sie gebildet aus: Preußen, Baiern, Sachsen, Würtemberg, Hannover, Großherz. Hessen, Kurhessen, Frankfurt, Sachsen-Weimar.

Die zweite Commission hat als Gegenstände der Berathung den „Wirkungskreis des obersten Bundesorgans und die Beziehungen des Bundes und der Einzelstaaten zu einander“ überkommen. Es kommen dabei die Art. VII. X. XI. und XIII. der Bundesacte und Art. XI. XII. XIII. XIV. XV. LXV. der Schlußacte in Betracht, ebenso wie die Executionsordnung vom 3. August 1820.

Den Vorsitz in dieser Commission führt Preußen. Sonst wird sie gebildet von Oesterreich, Baiern, Sachsen, Würtemberg, Baden, Mecklenburg-Strelitz, Mecklenburg-Schwerin, Holstein, Anhalt-Bernburg.

Die dritte Commission behandelt materielle Interessen: Handel, Zoll, Schifffahrt, Verkehrsmittel. Nach Art. VI. und XIX. der Bundesacte und Art. LXIV. der Schlußacte.

Den Vorsitz führt Baiern. Theil nehmen: Oesterreich, Preußen, Sachsen, Hannover, Würtemberg, Baden, Sachsen-Coburg, Hamburg, Oldenburg.

Die vierte Commission beräth das Bundesgericht nach Art. XX—XXIV. der Schlußacte, wie nach Art. XXIX—XXXII. derselben und mit Betracht der Austrägalgerichts-Ordnung vom 16. Juni 1817.

Den Vorsitz führt Sachsen. Theil nehmen: Hannover, Nassau, Braunschweig, Bremen, Schaumburg-Lippe.

In der fünften Commission wird die Weise der Protokollführung berathen.

Den Vorsitz führt Hannover. Theil nehmen: Preußen, Sachsen (Königr.), Sachsen-Meiningen.

2.

Erklärung des großherzoglich weimarischen und des frankfurter Bevollmächtigten.

Die Mitglieder der ersten Commission für Weimar und Frankfurt haben sich schon in der Sitzung der ersten Commission vom 4. Jan. l. J. veranlaßt gefunden, folgende Erklärung abzugeben:

„Die unterzeichneten Commissions-Mitglieder sehen sich nach nochmaliger reiflicher Erwägung der von den hohen Regierungen von Oesterreich und Preußen in der Sitzung vom 2. d. M. gemachten Vorschläge außer Stande, eine völlig bestimmte Erklärung über die letzteren abzugeben, so lange ihnen diese Vorschläge formulirt nicht vorliegen.

„Sollte gleichwohl auf eine vorläufige Erklärung Werth gelegt werden, so würden die Unterzeichneten unter der ausdrücklichen Voraussetzung einer entsprechenden Beantwortung der noch offenen wichtigen Vorfragen, namentlich über den künftigen Umfang des Bundesgebiets, über die in Anregung gekommene Volksvertretung beim Bunde, über das Bundesgericht, ganz besonders aber über die gehörige Feststellung und Begrenzung der Competenzen des künftigen Bundesplenums und der künftigen Bundes-Executions-Behörde, die beantragte Bildung der letzteren beiden Behörden, dann, aber auch nur dann zuzustimmen vermögen, wenn auch in der letzteren Behörde sämmtlichen Bundesgliedern eine angemessene Betheiligung gesichert und dadurch das Prinzip des Staatenbundes, wie es im Art. 2. der Bundesacte und Art. 2. der wiener Schlußacte festgestellt ist, gewährt würde. Außerdem werden die Unterzeichneten um so mehr sich dafür erklären, daß man das Stimmverhältniß des engern Raths in Gemäßheit Art. 11. der Bundesacte zu Grunde lege, als dieselben Voraussetzungen, unter denen man hoffen darf, der vorgeschlagenen Executionsbehörde die erstrebte Kräftigung zu sichern, die gleiche Hoffnung auch unter Beibehaltung des Stimmverhältnisses des engern Raths zumal dann rechtfertigen würden, wenn in Bezug auf den Geschäftsgang und der Executionsordnung angemessene Veränderungen beschlossen würden."

Durch die von Seiten der zweiten Commission beantragte Begründung der Competenzen des zukünftigen Bundesplenums und der zukünftigen Executionsbehörde, an welcher die Mitglieder der ersten Commission keinen Theil nehmen konnten, sowie durch die in den combinirten Sitzungen der ersten und zweiten Commission erfolgten weiteren Bestimmungen, erscheint die angegebene Voraussetzung in dieser Hinsicht nicht erfüllt. Nach dem gemeinsamen Antrage von Oesterreich und Preußen vom 2. Jan. d. J. sollte die Aufgabe der Executivbehörde im Wesentlichen darin bestehen: „die von der Plenar-Versammlung gefaßten Beschlüsse zu vollziehen, in dringenden Fällen vorläufig selbst Beschlüsse zu fassen, welche der Bundes-Versammlung dann zur nachträglichen Sanction mitzutheilen wären, die diplomatischen Verhältnisse zu wahren und in unmittelbarem Verkehr mit der Bundes-Militair-Commission zu stehen."

Nach den beantragten Bestimmungen ist für diese Behörde überdies aber eine so umfassende Zuständigkeit hinsichtlich der gemeinsamen Angelegenheiten des Bundes in Aussicht gestellt, daß das Plenum der Bundesversammlung aufhören würde, das wichtigste und oberste Bundesorgan zu sein, als welches dasselbe gleichwohl in der angeführten gemeinsamen Erklärung Oesterreichs und Preußens dargestellt und bezeichnet ist.

Nach ihrer persönlichen Auffassung vermögen die Commissionsmitglieder für Weimar und Frankfurt in dieser ihrer Eigenschaft daher nicht, sich den vorliegenden Commissionsanträgen in ihrem Zusammenhange und in ihrer Wechselwirkung auf einander anzuschließen.

Dresden, den 29. Januar 1851.

3.

Vorschläge der ersten Commission.

Bezüglich der von der ersten Commission gestellten Anträge ist vorauszuschicken, daß, nach der Annahme aller Commissions-Mitglieder, die von der Commission an die Gesammt-Conferenz zu stellenden Anträge nicht sowohl den Inhalt der den Commissions-Mitgliedern von ihren Regierungen ertheilten Instructionen, als vielmehr die persönliche Ansicht sämmtlicher oder der meisten, die Commission bildenden Bevollmächtigten auszudrücken haben, und daß daher allen Regierungen umsomehr die vollkommene Freiheit vorbehalten bleiben müsse, für oder gegen einzelne Commissions-Anträge und für oder gegen das Gesammt-Ergebniß der Berathungen der Conferenz sich zu erklären.

Die erste Commission hat beschlossen, folgende Bestimmungen zu beantragen:

1) die der Bundesversammlung übertragene Besorgung der Angelegenheiten des Bundes geschieht theils durch das Plenum der Versammlung, theils durch eine Vollzugsbehörde.

2) Im Plenum der Bundesversammlung führen künftig:
Oesterreich 10 Stimmen, Preußen 10 und Baiern 5 Stimmen, für alle übrigen Staaten wird das bisherige Ausmaß beibehalten.

3) Auch in dem Plenum sind künftig Erörterungen und Berathungen zulässig.

4) Wenn die Vollzugsbehörde sich überzeugt hat, daß bei einem von ihr zu fassenden Beschlusse ein oder mehrere der in ihr nur collectiv vertretenen Staaten vorzugsweise betheiligt seien, so wird sie, sofern diese Staaten nicht eben durch ihre eigenen Bevollmächtigten in der Vollziehungsbehörde vertreten sind, dieselben einladen, ihre besonderen Bevollmächtigten an der Verhandlung der Vollziehungsbehörde mit berathender Stimme theilnehmen zu lassen.

5) Die vollziehende Behörde besteht aus 9 Mitgliedern mit 11 Stimmen, nämlich:

1. Oesterreich mit	2	Stimmen,
2. Preußen „	2	„
3. Baiern „	1	„
4. Sachsen „	1	„
5. Hannover „	1	„
6. Würtemberg „	1	„
7. Baden, Kurhessen, Großh. Hessen	1	„
8. Holstein mit Lauenburg, Luxemburg mit Limburg, Braunschweig, Nassau, Mecklenburg-Schwerin und Strelitz, Oldenburg	1	„
9. Die Großherzogl. und Herzogl. sächsischen Häuser, Anhalt, Schwarzburg, Lichtenstein, Reuß, Schaumburg-Lippe, Lippe, Waldeck, Hessen-Homburg und die freien Städte	1	„
Zusammen	11	Stimmen.

6) Die die vollziehende Behörde bildenden Bevollmächtigten müssen ermächtigt sein, in allen dringenden Fällen ohne vorhergehende besondere Instructions-Einholung in einer für ihre Regierungen bindenden Weise abzustimmen.

7) Um die Vollziehung aller Bundesbeschlüsse stets auf das Schleunigste bewirken zu können, haben die Regierungen, deren Bevollmächtigte die vollziehende Behörde bilden, für jenen Zweck ein stets mit allen Bedürfnissen versehenes Contingent in vollkommener Bereitschaft zu halten, und zwar:

1. Oesterreich . . . . 30,000 Mann,
2. Preußen . . . . 30,000 „
3. Baiern . . . . 15,000 „
4. Sachsen . . . . 10,000 „
5. Hannover . . . . 10,000 „
6. Würtemberg . . . . 10,000 „
7. die 9te Stimme . . . . . . 10,000 „
8. die 10te Stimme . . . . . 10,000 „

Die Staaten der 11ten Stimme sind (unbeschadet jedoch ihrer Verpflichtung zur Haltung des Bundes-Contingents und zur Theilnahme an Kriegsrüstungen) einer solchen Bestimmung enthoben.

8) die Bundespflicht, diese nach Quantität und Qualität noch näher festzustellende Militärmacht stets zu Bundeszwecken bereit zu halten, darf auf keine Weise und unter keinem Vorwande unerfüllt bleiben. Sollte je eine Regierung ihr nicht entsprechen, so wird dieselbe durch jedes geeignete Mittel zur festgestellten Bestimmung angehalten und in so lange, bis sie Folge geleistet, von der ferneren Theilnahme an der vollziehenden Behörde ausgeschlossen.

Auch wird eine Regierung, welche dem seitens des Bundes an sie ergangenen Auftrage, eine Execution zu vollziehen, nicht sofort Folge leistet, derjenigen Regierung, welche alsdann statt ihrer den Auftrag erhält, alle und jede der letzteren hierdurch erwachsenen Kosten zu erstatten angehalten werden.

9) die k. k. österreichische und die k. preußische Regierung treten mit ihren gesammten Staaten-Complexen dem Bunde bei.

4.

Das Stimmverhältniß des engeren Raths, gemäß Art. 4 der Bundesacte.

1) Oesterreich . . . . 1 Stimme.
2) Preußen . . . . 1 „
3) Baiern . . . . 1 „
4) Sachsen . . . . 1 „
5) Hannover . . . . 1 „
6) Würtemberg . . . . 1 „
7) Baden . . . . 1 „
8) Kurhessen . . . . 1 „
9) Großherzogthum Hessen . . . . 1 „

Latus 9 Stimmen.

Transport	9	Stimmen.
10) Holstein nebst Lauenburg	1	=
11) Luxemburg nebst Limburg	1	=
12) Die Großherzoglich und Herzogl. sächsischen Häuser	1	=
13) Braunschweig und Nassau	1	=
14) Mecklenburg=Schwerin und Mecklenburg=Strelitz .	1	=
15) Oldenburg, Anhalt und Schwarzburg	1	=
16) Lichtenstein, Reuß, Schaumburg=Lippe, Lippe, Waldeck, Homburg	1	=
17) Die freien Städte: Lübeck, Frankfurt, Bremen und Hamburg	1	=
	17	Stimmen.

Das Stimmverhältniß des Plenums, gemäß Art. 6 der Bundesacte.

1) Oesterreich	4	Stimmen.
2) Preußen	4	=
3) Sachsen	4	=
4) Baiern	4	=
5) Hannover	4	=
6) Würtemberg	4	=
7) Baden	3	=
8) Kurhessen	3	=
9) Großherzogthum Hessen . . .	3	=
10) Holstein nebst Lauenburg .	3	=
11) Luxemburg nebst Limburg . .	3	=
12) Braunschweig	2	=
13) Mecklenburg=Schwerin . . .	2	=
14) Nassau	2	=
15) Sachsen=Weimar	1	=
16) Sachsen=Coburg	1	=
17) Sachsen=Meiningen	1	=
18) Sachsen=Altenburg	1	=
19) Mecklenburg=Strelitz	1	=
20) Oldenburg	1	=
21) Anhalt=Dessau	1	=
22) Anhalt=Bernburg	1	=
23) Schwarzburg=Sondershausen .	1	=
24) Schwarzburg=Rudolstadt . .	1	=
25) Lichtenstein	1	=
26) Waldeck	1	=
Latus	57	Stimmen.

	Transport	57	Stimmen.
27)	Reuß älterer Linie	1	"
28)	Reuß jüngerer Linie	1	"
29)	Schaumburg-Lippe	1	"
30)	Lippe	1	"
31)	Homburg	1	"
32)	Die freie Stadt Lübeck . . .	1	"
33)	" " " Frankfurt . .	1	"
34)	" " " Bremen . .	1	"
35)	" " " Hamburg " .	1	"
		66	Stimmen.

5.

Erklärung der beiden Mecklenburg.

Erst jetzt, nachdem die Commissionsberathungen so weit gediehen sind, daß sich die Grundlagen und einzelne Theile der proponirten Umgestaltung des Bundesorganismus einigermaßen im Zusammenhang übersehen lassen, tritt für die Mitglieder der zweiten Commission, welche eine definitive Meinungsäußerung bis auf diesen Zeitpunkt hinausschieben zu müssen geglaubt haben, die Möglichkeit ein, sich über die Aufgabe der Commission bestimmt auszusprechen.

Die Unterzeichneten hatten sich im Interesse einer mehrseitigen Prüfung und späteren allgemeinen Einigung verpflichtet, ihre Ueberzeugung dahin auszusprechen, daß der Wirkungskreis der obersten Bundesbehörde anders zu bestimmen sei, als in den bisherigen Commissionsberathungen vorläufig angenommen worden ist, indem sie sich mit der Organisation dieser Behörden, wie sie als Voraussetzung bisher den Berathungen zum Grunde gelegen hat, nicht einverstanden erklären können.

Als das wesentlichste Bedürfniß, welches eine Ergänzung der Bundes-Verfassung erheischt, ist die Kräftigung des obersten Bundesorgans durch Einrichtungen, welche dasselbe für die Zukunft befähigen, den Fluten der Revolution einen Damm entgegenzusetzen, bezeichnet und anerkannt. Eine größere Concentration und Energie der Bundesthätigkeit kann aber nur dadurch erreicht werden, daß wenigen dazu geeigneten Mitgliedern des Bundes die nöthige Gewalt von der Gesammtheit des Bundes übertragen wird.

Soll eine solche Uebertragung als ein Grundsatz der künftigen politischen Gestaltung des Bundes festgestellt werden, so enthält sie eine Ausnahme von dem Hauptgrundsatze der Art. 2. und 3. der Bundes-Acte, dessen Aufrechthaltung im Allgemeinen beabsichtigt wird, daß nämlich alle Bundesglieder als solche gleiche Rechte haben sollen.

Eine solche Ausnahme rechtfertigt sich allerdings vollkommen für Oesterreich und Preußen, weil beide nicht blos deutsche Bundesstaaten, sondern zugleich europäische Mächte sind, und ein Uebergewicht ihrer Macht im Verhältniß zu allen übrigen deutschen Staaten allgemein anerkannt ist. Die Stellung beider Großstaaten in Deutschland ist von der Art, daß, wo beide mit einander einverstanden sind, das übrige Deutschland ihnen willig ein Uebergewicht einräumt; dies ist eine Thatsache, die man durch keine Verfassungsreform wird ändern können, eine Wahrheit, die man gerade da anerkennen muß, wo es sich darum handelt, die Form zu ändern. Wo dagegen ein Einverständniß zwischen Oesterreich und Preußen nicht stattfindet, da fällt der Grund für das übrige Deutschland, ihnen ein ausnahmsweises Uebergewicht einzuräumen, hinweg, und es ist für den deutschen Bund kein anderes Auskunftsmittel im Rechte oder in der Zweckmäßigkeit gegründet, als daß die Gesammtheit der Bundesstaaten nach dem regelmäßigen Verhältnisse ihrer Stimmberechtigung den Ausschlag geben. Die Unterzeichneten sind demnach der Ueberzeugung, daß es eine Nothwendigkeit sei, die Uebertragung einer Executivgewalt für den deutschen Bund auf Preußen und Oesterreich zu beschränken, und für den Fall, daß beide nicht einig sind, die Entscheidung der Gesammtheit des Bundes zu sichern, wodurch die sonst nahe liegenden Einwendungen gegen den Dualismus beseitigt wären, im Uebrigen das Stimmenverhältniß in der Bundes-Versammlung nur in der Hinsicht zu verändern, daß beide jetzt mit ihrem ganzen Ländergebiete beitretende Großstaaten eine größere Anzahl Stimmen (im engeren Rathe etwa jeder 3 und im Plenum Oesterreich 10, Preußen 10, und Baiern 5 Stimmen) erhalten, die Competenz der Bundes-Versammlung aber nicht auszudehnen, sondern zu beschränken sei.

Nur so dürfte größere Concentration und Schnelligkeit in der Behandlung derjenigen Geschäfte, bei welchen sie wünschenswerth ist, zu erreichen sein. Der Schwerpunkt der Bundesgewalt, wenn ihre Thätigkeit eine kräftige sein soll, kann nur in einer Versammlung liegen, der alle wesentlichen Entscheidungen zukommen, wenn auch für den Vollzug eine besondere von diesen Entscheidungen abhängige Behörde besteht. Zwei Bundesbehörden mit selbständiger Competenz, von welchen es wenigstens zweifelhaft sein wird, welche von ihnen den Schwerpunkt der Bundesgewalt enthält, werden den Geschäftsgang nicht erleichtern, sondern erschweren. Denselben Erfolg muß es haben, wenn eine Reihe von Gegenständen, welche bisher in einer Versammlung von 17 Stimmen erledigt wurden, wobei die Selbständigkeit aller Staaten hinlänglich gewahrt war, künftig einer Versammlung von 79 Stimmen überwiesen werden soll. Wo zwei oder drei Stimmen concurriren, da ist in der That eine einfache und rasche Geschäftsbehandlung möglich, in einer Versammlung von neun Mitgliedern dagegen würde es, wenn dieser Zweck erreicht werden soll, immer gewisser positiver Vorschriften für den Geschäftsgang bedürfen und durch solche wird es auch in einer Versammlung von 17 Mitgliedern sehr wohl dahin gebracht werden können, daß zwischen ihr und einer Versammlung von 9 Mitgliedern kein Unterschied stattfindet.

Im Gegensatze zu diesen Veränderungen des bestehenden Bundesrechts, welche nicht weiter gehen als Erfahrung und practisches Bedürfniß es fordern, würde eine Bevorzugung einzelner deutscher Bundesstaaten außer Oesterreich und Preußen durch grundgesetzliche Uebertragung eines überwiegenden Einflusses in der neu zu bildenden Centralbehörde das Grundprincip der Gleichberechtigung im deutschen Bunde, wie es bisher allgemein anerkannt gewesen ist, verletzen, ohne daß ein genügender Rechtfertigungsgrund sich dafür anführen ließe. Denn

1) Das Machtverhältniß unter den deutschen Staaten, mit Ausnahme von Oesterreich und Preußen, wobei nicht die Kopfzahl der Bevölkerung allein, sondern wesentlich auch die Beschaffenheit der inneren politischen und materiellen Zustände in Betracht kommt, steht keineswegs in allgemein anerkennbarer Weise fest.

2) Ein practisches Bedürfniß einzelner deutscher Staaten, außer Preußen und Oesterreich, ein gesetzliches Uebergewicht über andere deutsche Staaten durch Veränderung des bisherigen Stimmenverhältnisses einzuräumen, ist nirgends hervorgetreten.

3) Die Präsenthaltung einer kriegsfertigen verhältnißmäßigen Truppenmacht kann von allen deutschen Staaten mit Recht verlangt werden, wenn das Bedürfniß Deutschlands sie erfordert. An einen Zustand der Dinge, welcher nicht als ein dauernder betrachtet werden kann, und an das Versprechen einer vorübergehenden Truppenbereithaltung grundgesetzliche Bestimmungen zu knüpfen, dürfte um so bedenklicher sein, als die dauernde Erfüllung eines solchen Versprechens nicht absolut gesichert sein kann, und als der Anspruch des Bundes an alle seine Mitglieder, daß jeder Staat sich in der Lage befinde, über eine verhältnißmäßige brauchbare Truppenmacht verfügen zu können, keineswegs aufzugeben ist, wenn der Hauptzweck des Bundes, die Sicherung einer selbständigen staatlichen Einigung seiner Glieder eine Wahrheit werden soll.

4) Im Uebrigen scheint es, daß bisherige Mängel in der Erfüllung bundesmäßiger Verpflichtung die Begründung grundgesetzlicher Unterschiede nicht rechtfertigen dürften. Dergleichen Mängel ließen sich, wenn es darauf ankäme, von Staaten des verschiedensten Umfanges behaupten. Im Allgemeinen werden solche Einrichtungen höchst wünschenswerth sein, welche einen wirksamen Zwang begründen, um vorkommende Mängel in der Erfüllung bundesmäßiger Verpflichtungen zu verhindern.

5) Durch eine Scheidung der deutschen Staaten (außer Oesterreich und Preußen) in vollberechtigte und untergeordnete, würde das wohlbegründete politische Ehrgefühl der Unterthanen eines Theils der deutschen Staaten auf empfindliche Weise berührt, das Ansehen dieser Regierungen geschwächt und der Samen der Unzufriedenheit auf bedenkliche Weise verbreitet werden.

Hiernach wird, wenn die von den Unterzeichneten für wünschenswerth erkannte Veränderung der Organisation der Bundesbehörde zu Grunde gelegt wird, auch eine entsprechende Vertheilung der Competenz zwischen dem engeren Rathe der Bundesversammlung und der Executivbehörde auf der einen, sowie der Plenarversammlung auf der anderen Seite zu berathen sein. Diese Berathung wollen die Unterzeichneten hiermit gehorsamst beantragen.

6.

Uebersicht der vorläufigen Beschlüsse der zweiten Commission.

I.

Competenz der Plenar-Versammlung.

Als allgemeine Regel soll gelten, daß alle gemeinsamen Angelegenheiten des Bundes, welche nicht ausdrücklich der Vollziehungsbehörde zugewiesen sind, zur Beschlußfassung der Plenar-Versammlung sich eignen, in welcher sonach künftighin auch Erörterungen und Berathungen stattzufinden haben, und daß auch die Entscheidung in zweifelhaften Fällen, ob ein Gegenstand zur Entscheidung der Plenar-Versammlung gehöre, dieser Versammlung selbst zustehe.

Insbesondere sollen zur Competenz der Plenar-Versammlung gehören:

1) Die Abfassung und Abänderung von Grundgesetzen des Bundes. (Art. 6 d. B.-A. Art. 13 d. S.-A.)
2) Beschlüsse, welche die Bundes-Acte selbst betreffen. (Art. 6 d. B.-A.)
3) Interpretation der Bundesverfassung und Bundesgesetze.
4) Das Recht der Erinnerung bei wahrgenommenen Verletzungen der Bundesverfassung und Bundesgesetze, sowie der Beschlußfassung über die desfalls erforderlichen Maßnahmen. (Art. 17 d. S.-A.)
5) Organische Einrichtungen und gemeinnützige Anordnungen, sowohl im Allgemeinen, als insbesondere in Bezug auf Militär-Angelegenheiten. (Art. 6 der B.-A. Art. 13, 14 und 51 der S.-A.)
6) Aufnahme neuer Mitglieder. (Art. 13 d. S.-A.)

7) Abtretung von Souveränetätsrechten an Nicht-mitverbündete. (Art. 6 der S.-A.)
8) Verfügung hinsichtlich des Stimmrechts, im Fall die Besitzungen eines souveränen deutschen Hauses durch Erbfolge auf ein anderes übergehen. (Art. 16 d. S.-A.)
9) Festsetzung des Betrages der gewöhnlichen verfassungsmäßigen Ausgaben, Beschaffung der Mittel in außerordentlichen Fällen, Regulirung der matrikularmäßig von den Bundesgliedern zu leistenden Beiträge, Prüfung der von der Vollzugsbehörde gestellten Rechnungen, sowie der Nachweise über das Bundes-Eigenthum. (Art. 52 der S.-A.)
10) Religionsangelegenheiten. (Art. 13 d. S.-A.)
11) Die Behandlung aller Fälle, in welchen iura singulorum in Frage kommen. (Art. 15 d. S.-A.)
12) Kriegs-Erklärung und Bestätigung von Friedensschlüssen, — und Genehmigung aller mit auswärtigen Staaten verhandelten Bündnisse und andere Verträge. (Art. 12, 35, 36, 37, 39, 40 und 49 der S.-A.)
13) Entscheidung, ob ein von einem Bundesgliede eingegangenes Bündniß nicht gegen die Sicherheit des Bundes oder einzelner Bundesglieder gerichtet sei. (Art. 11, Absch. 4 d. B.-A. Art. 21—24 d. S.-A.)
15) Entscheidung, ob wirklich der Fall einer Rechtsverweigerung vorliege. (Art. 29 d. S.-A.)
16) Anordnung einer Austrägal-Instanz zur Entscheidung über Forderungen von Privatpersonen an mehrere Regierungen, deren Verpflichtung bestritten ist. (Art. 30 d. S.-A.)
17) Entscheidung der Rechtsfrage hinsichtlich der Erfüllung der von den Regierungen in Bezug theils auf Gewährleistung zugesicherten Rechte, theils auf bestimmte Rechte der Unterthanen übernommenen Verbindlichkeiten. (Art. 53 d. S.-A.)
18) Garantie des Bundes für die landständischen Verfassungen der Einzelstaaten, im Falle solche nachgesucht wird. (Art. 60 d. S.-A.)
19) Entscheidung der Rechtsfrage in Betreff der den vormals reichsständischen Familien zugesicherten Rechte (Art. 63 d. S.-A.)
20) Berathung, wie auf möglichst übereinstimmende Weise den Bekennern des jüdischen Glaubens der Genuß der bürgerlichen Rechte verschafft werden könne. (Art. 16 d. B.-A.)
21) Abfassung gleichförmiger Verfügungen über die Preßfreiheit und die Sicherstellung der Rechte der Schriftsteller und Verleger gegen den Nachdruck. (Art. 14. d. B.-A.)
22) Berathung wegen des Handels und Verkehrs zwischen den deutschen Bundesstaaten und wegen der Schifffahrt. (Art. 19 d. B.-A.)

II.

Competenz der Vollzugsbehörde.

1) Bei organischen Einrichtungen steht zwar die Beschlußfassung der Plenar-Versammlung zu, die Ausführung der Beschlüsse ist jedoch der Vollzugsbehörde zu überlassen. (Art. 14 d. S.-A.)

Insbesondere gilt das von organischen Einrichtungen in Militärsachen.

Zum Wirkungskreise der Vollzugsbehörde gehört ferner:

2) Die Obliegenheit, Eintracht und Friede unter den Bundesgliedern ungestört zu erhalten, der Selbsthülfe vorzubeugen oder Einhalt zu thun und den Besitzstand aufrecht zu halten. (Art. 18, 19 und 20 der S.-A.)

3) Die Vorkehrung der nöthigen Maßregeln, wenn in einem Bundesstaate oder in mehreren durch Widersetzlichkeit die innere Ruhe unmittelbar gefährdet oder wirklich gestört ist. (Art. 25—28 d. S.-A.)

4) Vorkehrung der nöthig gewordenen Executionsmaßregeln zur Vollziehung der Bundesgrundgesetze, der Bundesbeschlüsse, der Austrägal-Erkenntnisse u. s. w., wobei als zweckmäßig erkannt wurde, daß jede in der Vollziehungsbehörde vertretene Regierung verpflichtet werden müsse, einem an sie ergehenden Auftrage zur Vollziehung beschlossener Maßregeln unweigerlich Folge zu leisten, und daß im Falle der Weigerung sie gehalten sei, derjenigen Regierung, welche statt ihrer den Auftrag erhalten, sofort sämmtliche Kosten der Vollziehung zu ersetzen. Wenn die Vollziehungsbehörde etwa in der Art gebildet werden sollte, daß einige Regierungen nicht vertreten wären, so soll an diese kein Auftrag zum Vollzuge beschlossener Maßregeln ertheilt werden können. (Art. 31—34 d. S.-A.)

5) Bewirkung der Abhülfe, wenn durch Beschluß der Plenarversammlung anerkannt ist, daß eine Rechtsverweigerung stattgefunden. (Art. 29 d. S. A.)

6) Die Vertretung des deutschen Bundes nach Außen, der diplomatische Verkehr, insbesondere auch die Verhandlung über Verträge (Art. 35 der S.-A.), namentlich die Unterhandlung über Abschluß eines Waffenstillstandes oder Friedensvertrages. (Art. 49 d. S. A.)

Im Allgemeinen die Obliegenheit, die auswärtigen Verhältnisse des Bundes zu leiten und mithin

a) als Organ der Gesammtheit des Bundes für die Aufrechterhaltung freundlicher und freundschaftlicher Verhältnisse mit den auswärtigen Staaten Sorge zu tragen;

b) die von fremden Mächten bei dem Bunde beglaubigten Gesandten anzunehmen, und wenn es nöthig befunden werden sollte, im Namen des Bundes Gesandte an fremde Mächte abzusenden;

c) in eintretenden Fällen Unterhandlungen für die Gesammtheit des Bundes zu führen und Verträge für denselben abzuschließen (vorbehaltlich der Genehmigung der Plenarversammlung);

d) auf Verlangen einzelner Bundesregierungen für dieselben die Verwendung des Bundes bei fremden Regierungen und, in gleicher Art, auf Verlangen fremder Staaten die Dazwischenkunft des Bundes bei einzelnen Bundesgliedern eintreten zu lassen. (Art. 50 d. S.-A)

7) Die Obliegenheit, Abhülfe und Vorkehrungen zu treffen, wenn ein fremder Staat über eine von einem Bundesgliede ihm widerfahrene Verletzung Klage führt. (Art. 36 d. S.-A.)

8) die Vorkehrung der erforderlichen Maßnahmen bei einem zwischen einem Bundesstaate und einer auswärtigen Macht entstandenen Irrung, wobei jedoch zu bemerken, daß bei etwa sich ergebender Gefahr eines Krieges zur geeigneten Zeit der Plenarversammlung Mittheilung zu machen und ein Beschluß derselben zu veranlassen ist. (Art. 37 d. S.-A.)

9) Berathung und schleunigste Anordnung von Vertheidigungsmaßregeln, wenn Gefahr eines Angriffes droht, oder ein wirklicher Angriff erfolgt.

(Hiezu wird vorgeschlagen, daß der bei der Vollziehungsbehörde gefaßte Beschluß über die Wirklichkeit der Gefahr eines feindlichen Angriffs nur die bei jener Behörde vertretenen Staaten zur Theilnahme an den von ihr für nothwendig erachteten Vertheidigungs-Maßregeln verpflichten soll. Zwei Mitglieder der Commission traten diesem Vorschlage nicht bei und wollten das Princip der Solidarität aller Bundesregierungen erhalten wissen. (Art. 38, 39 und 41 der S.-A.)

10) Vermittelung, im Falle einer der streitenden Theile die Interposition des Bundes anruft — ohne jedoch die Anordnungen der Vertheidigungs-Maßregeln zu sistiren. (Art. 43 d. S.-A.)

11) Anordnung der nöthigen Maßregeln zur Behauptung der Neutralität des Bundesgebietes, wenn dieses bedroht ist. (Art. 45 der S.-A.)

12) Aufsicht über das Bundeseigenthum, sowie die Erhebung, Verwendung und Verrechnung der Matricularbeiträge, worüber jedoch der Plenar-Versammlung das Recht der Prüfung zusteht. (Art. 52 der S.-A.)

13) Die Ausführung der von der Plenar-Versammlung gefaßten Beschlüsse zur Erfüllung der von den Regierungen in Bezug theils auf Gewährleistung zugesicherten Rechte, theils auf bestimmte Rechte der Unterthanen übernommenen Verbindlichkeiten. (Art. 53 d. S.-A.)

14) Ueberwachung der Bestimmung, daß in allen Bundesstaaten land-

ständische Verfassungen stattfinden sollen. (Art. 13 der B.-A. — Art. 54 d. S.-A.)

15) Verfügung der in Folge der vom Bunde übernommenen Garantie landständischer Verfassungen erforderlich gewordenen Maßnahmen. (Art. 60 d. S.-A.)

16) Ausführung der von der Plenarversammlung zur Sicherung der Rechte der vormals reichsständischen Familien gefaßten Beschlüsse. (Art. 63 d. S.-A.)

Obgleich im Allgemeinen bestimmt ist, daß die Competenz der Plenar-Versammlung in allen Fällen eintritt, welche nicht ausdrücklich der Vollziehungsbehörde zugewiesen sind, so soll doch die Anregung eines Zweifels über die Competenz der letzteren dieselbe nicht hindern können, ihre Thätigkeit fortzusetzen. —

7.

Uebersicht der Vorschläge der zweiten Commission in Betreff der Competenz des Bundes.

Die Mitglieder der zweiten Commission haben bezüglich der sämmtlichen von ihnen gepflogenen Berathungen allseitig anerkannt, daß die von ihnen abgegebenen Erklärungen in der Regel nicht sowohl den Inhalt der von ihren Regierungen ihnen ertheilten Instructionen, als vielmehr die Ansicht der Bevollmächtigten selbst auszudrücken haben, und daß es daher allen Regierungen um so mehr völlig freistehen müsse, seiner Zeit für oder gegen einzelne Commissions-Anträge, so wie für oder gegen das Gesammt-Ergebniß der Berathungen der Conferenz sich zu erklären. Im Hinblick auf diese — rücksichtlich sämmtlicher Berathungen der Commission als gültig angenommenen Sätze schien es dann auch nicht nothwendig, in allen Fällen, wo einzelne Commissions-Mitglieder mit einem der hiernach erwähnten Vorschläge sich nicht einverstanden erklären, dies jedesmal besonders zu bemerken, obwohl einer solchen Meinungsverschiedenheit da, wo eine größere Anzahl von Dissentienten vorhanden war, oder es sonst geboten erschien, Erwähnung geschehen ist.

Bei ihren Berathungen ging die zweite Commission von der Voraussetzung aus, daß, in Gemäßheit der aus den Berathungen der ersten Commission hervorgegangenen Anträge künftig wirklich zwei oberste Bundes-Organe bestehen würden, wovon eines — das Plenum — vorzugsweise für die Festsetzung der allgemeinen Normen, das andere — die Executive — vorzugsweise für den Vollzug der Bundesgesetze berufen wäre.

Die zweite Commission mußte sich enthalten, auf eine Berathung dieser Anträge der ersten Commission selbst einzugehen; sie hatte nur für den

Fall, daß dieselben angenommen würden, Anträge über die Abscheidung der Competenz zwischen beiden Bundes-Organen zu stellen.

Bei diesen Anträgen konnte die zweite Commission ferner für jetzt zwischen den genannten beiden Bundes-Organen nur diejenigen Befugnisse vertheilen, welche die bisherige Bundes-Gesetzgebung der Bundes-Versammlung im Ganzen (dem bisherigen Plenum oder dem bisherigen engeren Rathe) beilegt.

Aenderungen in den Bundesgesetzen, welche eine andere Begrenzung dieser Competenz der Bundes-Versammlung im Ganzen herbeiführen, werden natürlich dann, wenn sie einmal beschlossen sein werden, auch eine Modification der nachstehenden Anträge begründen.

Zu den Berathungen über das Stimmenverhältniß, welches für die einzelnen Bundesbeschlüsse nöthig sei, sind die Mitglieder der ersten Commission mit zugezogen worden.

Es wurden nun als oberste Grundsätze für die Wirksamkeit der Bundesbehörden folgende festgestellt:

I. In der beschlußfassenden Plenarbehörde ist die Abstimmung nach einfacher Mehrheit die Regel, qualificirte Abstimmungsarten und Einhelligkeit müssen, um Platz zu greifen, durch das Gesetz vorgeschrieben sein.

In der vollziehenden Behörde wird nur nach einfacher Mehrheit abgestimmt.

II. Ueber die Zuständigkeit jeder der beiden obersten Behörden entscheidet das Gesetz. Im Zweifel streitet die Vermuthung für die Zuständigkeit der Plenarversammlung. Dieselbe kann ihre Competenz durch einen von ihr gefaßten Beschluß aussprechen und begründen. Bevor derselbe erfolgt ist, hat die Anhängigmachung von Zweifeln über die Zuständigkeit der Executiv-Behörde für diese keinen Suspensiv-Effect.

III. Liegen bei einer Beschlußfassung iura singulorum in Mitte, so kann eine die Betheiligten bindende Entscheidung nur mit deren freier Zustimmung gefällt werden. *)

IV. Da die authentische Interpretation im Allgemeinen als eine Art der Gesetzgebung selbst aufzufassen ist: so gelten für die authentische Auslegung irgend welcher Bundesbeschlüsse ganz dieselben Regeln hinsichtlich der Competenz und der Stimmzahl, welche für die Fassung eines solchen Bundesbeschlusses selbst je nach dem Gegenstande oder Inhalte desselben gegolten hätten.

---

*) Die definitive Fassung lautet: Liegt bei einer Beschlußfassung einer der im Art. 15 der wiener Schlußacte bezeichneten Fälle vor — nämlich entweder iura singulorum oder die Zumuthung einer besonderen, nicht in den gemeinsamen Verpflichtungen Aller begriffenen Leistung oder Verwilligung eines einzelnen Bundesgliedes für den Bund — so kann eine die Betheiligten bindende Entscheidung nur mit deren freier Zustimmung gefällt werden.

Abgesehen aber von der authentischen Interpretation, so steht im Uebrigen die Auslegung der Bundesbeschlüsse (die doctrinelle Interpretation) natürlich je derjenigen Behörde zu, welche nach der Beschaffenheit des betreffenden Falls diesen Beschluß anzuwenden oder zu vollziehen hat.

Es wird beantragt:

I. Zur Competenz des Plenums sollen gehören nachfolgende Gegenstände, und zwar soll

A. Stimmeneinhelligkeit nöthig sein zu den Beschlüssen über

1) Abfassung und Abänderung von Grundgesetzen des Bundes, sowie deren authentische Interpretation.
Bundesacte VI., Schlußacte 13.

2) Aufnahme neuer Mitglieder. Schlußacte 13.

3) Abtretung von Souveränetätsrechten an Nichtverbündete. Schlußacte 6.

4) Zustimmung wenn Veränderungen im gegenwärtigen Besitzstande der Bundesglieder, Veränderungen in den Rechten und Verpflichtungen derselben in Bezug auf den Bund bewirken sollen. Schlußacte 6.

5) Verfügung hinsichtlich des Stimmrechts, wenn die Besitzungen eines deutschen souveränen Hauses durch Erbfolge an ein anderes übergehen. Schlußacte 16.

6) Religions-Angelegenheiten. Schlußacte 13.

7) *) Aufhebung und Abänderung der Grundzüge der Kriegsverfassung (der 24 Art. v. J. 1821).

8) Abänderung des im §. 9. des Bundesbeschlusses vom 12. April 1821 festgestellten Grundsatzes, daß größere Anstrengungen als die regelmäßigen militärischen Bestimmungen verlangen in keinem Falle von einzelnen Bundesstaaten, sondern nur im Allgemeinen nach der Matrikel gefordert werden können.

9) Die Grundzüge von organischen Einrichtungen in anderen als den hier speciell benannten Fällen.

B. Nur mit Mehrheit von ¾ der Stimmen kann gefaßt werden der Beschluß: eine Bundesflotte und einen Kriegshafen zu errichten (6 Stimmen hatten auch hier Stimmeneinhelligkeit verlangt).

(Die Frage, was mit den jetzt vorhandenen, dem Bunde gehörigen Schiffen zu geschehen habe, ist hier ganz unberührt gelassen worden.)

C. Zwei Drittel Majorität.

1) Annahme neuer Procentsätze der Bevölkerung, aus denen die Con-

---

*) In der definitiven Fassung sind 7) und 8) zusammengezogen, auch fehlt in 7) „Aufhebung und".

Bei der geringen Abweichung der definitiven, oder richtiger späteren, immer noch abänderlichen Fassung haben wir im Ferneren die Bezeichnung derselben unterlassen.

tingente zu bilden sind (conf. §. 1. u. 4. des Bundesbeschlusses vom 12. April 1821, desgleichen bezüglich der Reserve §. 10. daselbst).

2) Acht gegen sieben Stimmen sprechen sich dafür aus, daß die Grundsätze, nach welchen die Matrikel zu bilden ist, welche der Vertheilung der Bundeslasten auf die einzelnen Staaten zu Grunde liegt, ebenfalls mit einer Stimmenmehrheit von ⅔ anders als bisher sollen normirt werden können.

3) Anlegung einer neuen, oder Aufhebung einer bestehenden Bundesfestung, unbeschadet jedoch der aus den getroffenen Vereinbarungen rücksichtlich der bereits bestehenden Bundesfestungen entspringenden Rechte des Bundes oder der einzelnen Staaten, so wie sonstigen iura singulorum.

4) Organische Einrichtung zur Erhaltung des Landfriedens, innerer Ruhe und Sicherheit. (Einige Stimmen verlangen auch hier Stimmeneinhelligkeit.)

5) Gemeinnützige Anordnungen, d. h. solche Verfügungen, welche ohne unmittelbar auf die ausgesprochenen Bundeszwecke gerichtet zu sein, das Wohl der Angehörigen der Bundesstaaten bezwecken, sollen dann mit einer Majorität von ⅔ beschlossen werden können,
   a) wenn sie nicht in die iura singulorum eingreifen, wenn
   b) der Zweck nur durch die zusammenwirkende Theilnahme aller Bundesstaaten vollständig zu erreichen ist, und
   c) der Fall nicht die der dritten Commission zugewiesenen Gegenstände betrifft. Uebrigens wollten 6 Commissionsmitglieder auch in diesen Fällen solche Beschlüsse nur mit Stimmeneinhelligkeit zulassen, obwohl die Meisten derselben eine Mehrzahl einzelner gemeinnütziger Anordnungen mit ⅔ Majorität zuließen.

6) Verfügungen über die Disciplin auf den deutschen Universitäten.

D. Mit einfacher Stimmenmehrheit bestimmt das Plenum über folgende Gegenstände:

1) Es hat das Recht der Erinnerung bei wahrgenommenen Verletzungen der Bundesverfassung und der Bundesgesetze, sowie der Beschlußfassung über die desfalls erforderlichen Maßnahmen. Schlußacte 17.

2) Festsetzung des Betrags der gewöhnlichen verfassungsmäßigen Ausgaben, Beschaffung der Mittel in außerordentlichen Fällen, Regulirung der matricularmäßig von Bundesgliedern zu leistenden Beiträge, Prüfung der von der Vollzugsbehörde gestellten Rechnungen, sowie der Nachweise über das Bundes-Eigenthum. Schlußacte 52.

3) Entscheidung, ob ein von einem Bundesgliede eingegangenes Bündniß nicht gegen die Sicherheit des Bundes oder einzelner Bundesglieder gerichtet sei. Bundesacte XI. e.

4) Vermittelung und Anordnung einer Austrägal-Instanz im Falle von Streitigkeiten unter Bundesgliedern. Bundesacte XI. d. Schlußacte 21. bis 24.

5) Entscheidung, ob wirklich der Fall einer Rechtsverweigerung vorliege. Schlußacte 29.

6) Anordnung einer Austrägal-Instanz zur Entscheidung über Forderungen von Privatpersonen an mehrere Regierungen, deren Verpflichtung bestritten ist. Schlußacte 30.

7) Entscheidung der Rechtsfrage hinsichtlich der Erfüllung der von den Regierungen in Bezug theils auf Gewährleistung zugesicherten Rechte, theils auf bestimmte Rechte der Unterthanen übernommenen Verbindlichkeiten. Schlußacte 53.

8) Garantie des Bundes für die landständischen Verfassungen der Einzelstaaten, im Falle solche nachgesucht wird. Schlußacte 60.

9) Entscheidung der Rechtsfrage in Betreff der den vormals reichsständischen Familien zugesicherten Rechte. Schlußacte 63.

10) Abänderung des im §. 5. des Bundes-Beschlusses vom 12. April 1821 erwähnten Grundsatzes, daß der Ersatz für das Heer bei größeren Verlusten einzelner Contingente in einem Kriegsjahre den 200sten Theil der Bevölkerung nicht übersteigen soll. (conf. Art. 23. der Kriegsverfassung).

11) Bestimmung größerer Anstrengung nach Anleitung des §. 8. des Bundesbeschlusses vom 12. April 1821.

12) Feststellung der Höhe der matricularmäßigen Beiträge zu den Kriegskosten.

13) Endliche Feststellung der von der Executive vorläufig bestimmten Vergütung für Durchmärsche und Cantonnirungskosten.

14) Die (Abschnitt 3. §. 23. erwähnte) Eintheilung des Bundesheeres in ungemischte und combinirte Armee-Corps und die Reserve-Division (Bundes-Beschluß vom 9. Decbr. 1830.) Drei Mitglieder hatten hier ⅔ Majorität verlangt.

15) Die Abänderung der Bildung des Kriegsgerichts (Abschn. 6. §. 66.) sowie der Vorschriften über das von denselben zur Anwendung zu bringende Gesetzbuch.

16) Die Feststellung der allgemeinen Militärverpflegungs-Grundsätze (Abschn. 9. §. 86).

17) Die Abänderung der Grundsätze über die Militärgerichtsbarkeit. (Abschn. 10.)

18) Erlassung der (nach Maßgabe des §. 93) abzufassenden besonderen Kegsartikel.

19) Erlassung allgemeiner Bestimmungen über die Presse. Bundesacte XVIII. a.

20) Desgleichen über die Sicherstellung der Rechte der Schriftsteller und Verleger gegen den Nachdruck.

II. Zur Competenz der Executivbehörde sollen gehören:

1) Vollzug rücksichtlich der im 2ten Theile des Art. 14. der Schl.-A. erwähnten Gegenstände.

2) Nach Anleitung des Art. 6. der Kriegsverfassung Entscheidung derjenigen Streitigkeiten, welche über die Bildung der bei zusammengesetzten Armeecorps und Divisionen erforderlichen Abtheilungen unter den betreffenden Bundesstaaten entstehen und durch Vereinbarung nicht zu beseitigen sind.

3) Bestimmung der Stärke und Zusammenziehung des aufzustellenden Kriegsheeres (Art. 10. der Kriegsverfassung) innerhalb der bestehenden allgemeinen Normen.

4) Wahl des Oberfeldherrn nach Art. 13. der Kriegsverfassung, so wie Ausführung und Anwendung der Bestimmungen der Art. 14. und 15. eodem.

5) Entscheidung der Frage, ob eine eigene Kriegskasse nach Art. 21. eod. zu bilden sei.

6) Vorläufige Bestimmung der Preise bei Vergütungen von Durchmarsch- und Cantonnirungskosten, vorbehältlich der endlichen Festsetzung durch die Plenarversammlung

7) Beschluß ob der Oberfeldherr einem Kriegsgerichte zu unterwerfen sei.

8) Anwendung der vom Plenum festgestellten Verpflegungsgrundsätze.

9) Anwendung der vom Plenum festgestellten Grundsätze über Gerichtsbarkeit und der Kriegsartikel.

10) Ausstattung, Erhaltung und Besatzung der Bundesfestungen innerhalb der für die bestehenden festgesetzten Normen.

11) Ueberhaupt Anwendung der auf die militärischen Verhältnisse bezüglichen Bundesbeschlüsse vom 12. April 1821 und 11. Juli 1822, wie der späteren, mit diesen zusammenhängenden Schluß-Acte 51.

12) Die Obliegenheit, Eintracht und Frieden unter den Bundesgliedern ungestört zu erhalten, der Selbsthülfe vorzubeugen oder Einhalt zu thun und den Besitzstand aufrecht zu erhalten (Schl.-A. 18—20).

13) Die Vorkehrung der nöthigen Maßregeln, wenn in einem Bundesstaate oder in mehreren durch Widersetzlichkeit, gefährliche Verbindungen oder Aufschläge die innere Ruhe unmittelbar gefährdet oder wirklich gestört ist. Schl.-A. 25—28.

14) Vorkehrungen der nöthig gewordenen Executions-Maßregeln zur Vollziehung der Bundesgrundgesetze, der Bundesbeschlüsse, der Austrägal-Erkenntnisse u. s. w. Schl.-A. 31—34.

15) Bewirkung der Abhülfe, wenn durch Beschluß der Plenarversammlung anerkannt ist, daß eine Rechtsverweigerung stattgefunden. Schl.-A. 29.

16) Die Vertretung des Bundes nach Außen, der diplomatische Verkehr, insbesondere auch Verhandlung über Verträge, namentlich die Unterhandlung über Abschluß eines Waffenstillstandes oder Friedensvertrages. Schl.=A. 35. 49.

17) Antrag an das Plenum über Erklärung des Bundeskriegs.

18) Im Allgemeinen die Obliegenheit, die auswärtigen Verhältnisse des Bundes zu leiten und mithin

a. als Organ der Gesammtheit des Bundes für die Aufrechthaltung freundlicher und freundschaftlicher Verhältnisse mit den auswärtigen Staaten Sorge zu tragen;

b. die von den fremden Mächten bei dem Bunde beglaubigten Gesandten anzunehmen, und wenn es nöthig befunden werden sollte, im Namen des Bundes Gesandte an fremde Mächte abzusenden;

c) in eintretenden Fällen Unterhandlungen für die Gesammtheit des Bundes zu führen und Verträge für denselben abzuschließen (vorbehaltlich der Genehmigung durch die Plenar=Versammlung);

d) auf Verlangen einzelner Bundesregierungen für dieselben die Verwendung des Bundes bei fremden Regierungen und in gleicher Art auf Verlangen fremder Staaten die Dazwischenkunft des Bundes bei einzelnen Bundesgliedern eintreten zu lassen. Schl.=A. 50.

19) Die Obliegenheit, Abhülfe und Vorkehrungen zu treffen, wenn ein fremder Staat über eine von einem Bundesgliede ihm widerfahrene Verletzung Klage geführt. Schl.=A. 36.

20) Die Vorkehrung der erforderlichen Maßnahmen bei einer zwischen einem Bundesstaate und einer auswärtigen Macht entstandenen Irrung. Schl.=A. 37.

21) Berathung und schleunigste Anordnung der zur Sicherstellung des Bundesgebiets erforderlichen Vertheidigungs=Anstalten, ferner von Vertheidigungs=Maßregeln wenn Gefahr eines Angriffs droht, oder ein wirklicher Angriff erfolgt. Schl.=A. 38. 39. 41. 51.

22) Vermittelung im Falle einer der streitenden Theile die Dazwischenkunft des Bundes anruft, ohne jedoch die Anordnung der Vertheidigungsmaßregeln zu sistiren. Schl.=A. 43.

23) Anordnung der nöthigen Maßregeln zur Behauptung der Neutralität des Bundesgebiets, wenn dieses bedroht ist. Schl.=A. 45.

24) Aufsicht über das Bundeseigenthum, sowie die Erhebung, Verwendung und Verrechnung der Matricular=Beiträge, worüber jedoch das Prüfungsrecht dem Plenum zusteht. Schl.=A. 52.

25) Die Ausführung der Beschlüsse zur Erfüllung der von den Regierungen in Bezug theils auf die Gewährleistung zugesicherter Rechte, theils auf bestimmte Rechte der Unterthanen übernommenen Verbindlichkeiten Schl.=A. 53.

26) Verfügung der in Folge der vom Bunde übernommenen Garantie landständischer Verfassungen erforderlichen Maßnahmen. Schl.-A. 60.

27) Ausführung der von der Plenar-Versammlung zur Sicherung der Rechte der vormals reichsständischen Familien gefaßten Beschlüsse. Schl.-A. 63.

8.

Erklärung des königl. dänischen, herzogl. holstein- und lauenburgischen Bevollmächtigten.

Die dankenswerthen Beiträge, die zur Definition und Specification dessen geliefert worden, was das Bundesrecht unter organischen und gemeinnützigen Einrichtungen versteht, lassen keinen Zweifel, daß für einzelne der darin aufgeführten Punkte die Zulassung von Majoritätsbeschlüssen an und für sich zweckmäßig sein könnte. Es dürfte aber der Consequenz wegen keinesweges unbedenklich sein, um einzelner Zweckmäßigkeitsgründe willen, das Gebäude zu erschüttern auf dem Bund und Bundesrecht ruhen.

Die Bundesacte, ihre Fortbildung und Abänderung ruhen auf, und sind bedingt durch Einmüthigkeit in den Beschlüssen aller Bundesgenossen. Der Einzelne kennt für die Grundverträge so wenig als für die Entwickelung einen anderen Zwang als den Wunsch, mit allen seinen Kräften und nach dem Maaße der gegebenen Umstände, zum Wohl des Ganzen beizutragen. Unterordnung unter Majoritätsbeschlüsse in diesen Fragen wäre Mediatisirung, zunächst ad hoc, nach und nach für das gesammte Gebiet der Gesetzgebung, der innern Entwickelung, der Geldleistungen.

Darum hat, so lange die Bundes-Grundgesetze ihren ursprünglichen Charakter bewahrten, für gemeinnützige Einrichtungen überhaupt nur auf die freie Vereinbarung der Bundesgenossen hingewiesen werden können, der Bund kann (resp. soll) vermitteln, leiten, fördern. Er kann aber den Einzelnen den Zwang zur Betheiligung auch an den nützlichsten Vorschlägen nicht auflegen.

„Organische Einrichtungen", wie sie in dem vorliegenden Berichte ganz richtig definirt werden, sind eben ihrer Natur nach unbegrenzter Expansion fähig. Unter „Bundeszwecke" kann alles subsumirt werden, was der äußern und innern Sicherheit Förderung brächte, also politische, polizeiliche, legislatorische, commerzielle Veranstaltungen, die je nach dem Bedürfniß der Zeit, den gründlichst verschiedensten Charakter annehmen, die gründlichst verschiedensten Consequenzen nach sich ziehen werden.

Daß für solche Angelegenheiten im Allgemeinen auch nach den Vorschlägen der verehrlichen Commission Stimmeneinhelligkeit festzustellen sein würde, beweist eben für die Gefahr, sich von dem bundesrechtlichen Grundsatz principiell zu entfernen, und einzelne, doch immer mehr zufällige und willkürliche Ausnahmen zu statuiren, oder gar die bisherige Regel in Ausnahme zu verwandeln.

Im letzteren Falle würde auch die mehrseitig angeregte Beziehung auf die jeder Beeinträchtigung nach wie vor entzogenen iura singulorum die gefährdete Souveränität schwerlich schützen, denn es würde solchen Majoritätsbeschlüssen gegenüber der einzelne Bundesgenosse eben nicht als „einzelner, selbstständiger, unabhängiger Staat", sondern als Theil einer vertragsmäßigen Einheit, der dieser gegenüber für gewisse organische Einrichtungen zur Unterwerfung verpflichtet ist, erscheinen.

Die organischen Einrichtungen sind die practische Manifestation der in ihrer formellen Erscheinung an Einhelligkeit geknüpften Veränderungen der Grundgesetze und müssen daher diesen gleich behandelt werden. Art. 13. und 14. der Schlußacte enthalten bereits die Garantien, daß kein Staat erschöpfende Darlegung der seinen Widerspruch motivirenden Gründe verweigern darf.

Weiter zu gehen verbietet der föderative Charakter. Das liberum veto ist nach den Grundgesetzen für die politische, polizeiliche, administrative, executorische, judicielle Fähigkeit der Bundesorgane einer einfachen aber qualificirten Majorität zum Wohl des Ganzen vielfältig geopfert; dasselbe auch für organische und gemeinnützige Einrichtungeu aufgeben, wäre Verzicht auf die Art. 2. der Bundesacte garantirte Unabhängigkeit der Einzelstaaten und damit der Anfang zur Centralisirung und Desorganisation Deutschlands. Kräftig und nachhaltig für das Ganze wird überdies nur diejenige organische und gemeinnützige Einrichtung sein, die auf dem Boden der Unanimität oder der freien Vereinbarung ermessen, alle Interessen und Rechte berücksichtigt und ausgleicht.

Der Bevollmächtigte muß sich daher gegen jede zur Aufhebung der freien Selbstbestimmung führende Abänderung resp. Modificirung am Art. 7. der Bundesacte, Art. 13., 14. und 64. der Schlußacte erklären und sieht sich außer Stande, für die einzelnen beispielsweise aufgeführten Fälle, wo eine absolute oder qualificirte Majorität zu entscheiden hätte, ein zustimmiges Votum abzugeben.

Dresden, den 16. Januar 1851.

9.

Vorschläge der Subcommission, betreffend das Verhältniß der Bundes- zur Landesgesetzgebung.

1. Da nach Art. 55 der Schluß-Acte die Ordnung der landständischen Verfassungen als innere Landesangelegenheit zwar den souveränen Fürsten der Bundesstaaten überlassen bleibt,

dagegen die inneren Staatseinrichtungen der deutschen Bundesstaaten weder dem Zweck des Bundes, wie solcher im Art. 2 der Bundes-Acte und Art. 1 der Schluß-Acte ausgesprochen ist, irgend einen Eintrag thun, noch überhaupt die im Bunde vereinten souveränen Fürsten in Erfüllung ihrer bundesmäßigen Verpflichtungen durch eine landständische Verfassung gehindert und beschränkt werden dürfen (Art. 53 und 58 der Schluß-Acte),

da ferner die gesammte Staatsgewalt in dem Oberhaupte des Staates vereinigt bleiben muß und der Souverän durch eine landständische Verfassung nur in der Ausübung bestimmter Rechte an die Mitwirkung der Stände gebunden werden kann (Art. 57 der Schluß-Acte),

die Bundesverfassung aber außer den Art. 26 der Schluß-Acte angeführten Fällen und außer dem Fall einer übernommenen besonderen Garantie (Art. 60 der Schluß-Acte) berechtigt und verpflichtet ist, in landständischen Angelegenheiten oder in Streitigkeiten zwischen den Landesherren und ihren Ständen zur Aufrechthaltung der über den Art. 13 der Bundes-Acte festgesetzten Bestimmungen einzuwirken (Art. 61 der Schluß-Acte), diese Bestimmungen auch auf die freien Städte insoweit anwendbar sind, als die besonderen Verfassungen und Verhältnisse derselben es zulassen (Art. 62 der Schluß-A.),

nachdem es endlich notorisch ist, daß in mehreren Verfassungen und Landesgesetzen der Bundesstaaten, besonders seit dem Jahre 1848, Bestimmungen aufgenommen worden sind, welche mit den Grundsätzen des Bundes und den übernommenen bundesmäßigen Verpflichtungen nicht im Einklang stehen:

so erkennen sämmtliche Bundesglieder die Verpflichtung an, die ererforderliche Abänderung der betreffenden Bestimmungen ihrer Verfassungen und Gesetze zu bewirken, auch der Bundesversammlung davon Anzeige zu machen, daß und in welcher Beziehung dies geschehen, oder zu begründen, daß eine solche Abänderung nicht erforderlich war.

Im Fall eine solche als nothwendig erkannte Abänderung auf Hindernisse stoßen sollte, welche sich auf landesverfassungsmäßigem Wege nicht beseitigen ließen, hat die betreffende Bundesregierung hievon gleichfalls der Bundesversammlung Anzeige zu erstatten, welche sodann den vorliegenden Fall in Berathung zu nehmen und innerhalb ihrer grundgesetzlichen Competenz die Mittel und Wege, wie eine Abänderung zu bewirken sei, zu beschließen hat.

2. In den Fällen, wo zwischen einer Bundesregierung und deren Ständen ein nicht auf dem verfassungsmäßigen Wege zu lösender Streit über Auslegung oder Anwendung der Verfassung entsteht, haben sowohl die Landesregierung als die Stände das Recht, die streitige Frage der Bundesversammlung vorzulegen, welche sodann eine Vermittelung zu versuchen, eventuell die Streitfrage zur . . . . . gerichtlichen Entscheidung zu verweisen hat.

3. Da nach dem Geiste des Art. 57 der Schluß-A. und der hieraus hervorgehenden Folgerung, welche der Art. 58 ausspricht, keinem deutschen Souveräne durch die Landstände die erforderlichen Mittel zur Führung einer den Bundespflichten und der Landesverfassung entsprechenden Regierung verweigert werden dürfen, so ist jede allgemeine Steuerverwei-

gerung von Seiten der Stände als eine die Aufrechthaltung der inneren Ruhe und Ordnung unmöglich machende Widersetzlichkeit der Unterthanen gegen die Regierung zu betrachten und hiegegen nöthigenfalls nach Maßgabe des Art. 25 der Schluß-Acte einzuschreiten.

In Fällen, wo die Stände eines Landes die erforderlichen Mittel zu einer bestimmten Ausgabe verweigern, welche die Regierung im Interesse des Landes zu einer wohlgeordneten Regierung für unumgänglich nothwendig hält, haben sowohl die Regierung als die Stände das Recht, die streitige Frage der Bundesversammlung vorzutragen, welche sodann eine Vermittelung zu versuchen, eventuell die Streitfrage zur ..... gerichtlichen Entscheidung zu verweisen hat.

Bis die Vermittelung oder die gerichtliche Entscheidung erfolgt ist, dürfen die bisher zu demselben Zweck verwilligten Geldmittel nicht verweigert werden.

4. Da nach Art. 52, 57 und 58 der Schluß-Acte die zur Erfüllung der bundesverfassungsmäßigen Leistungen erforderlichen Geldbeiträge von den Ständen nicht verweigert werden dürfen, eine der wichtigsten Pflichten der Bundesglieder aber in Bereithaltung der zur Erhaltung der inneren und äußeren Sicherheit Deutschlands und der Unabhängigkeit und Unverletzlichkeit der einzelnen Bundesstaaten nothwendigen Militär-Contingente besteht (Art. 2 der Bundesacte, Art. 1 und 35 der S.-A., Bundes-Kriegsverfassung vom 9. April 1821), und die Bundesversammlung verpflichtet ist, die auf das Militärwesen des Bundes Bezug habenden organischen Einrichtungen zu beschließen (Art. 51 der Schluß-A.),

so dürfen die im Bunde vereinten souveränen Fürsten und freien Städte ihrer bundesmäßigen Verpflichtung in dieser Beziehung in keiner Weise beschränkt werden. In dem Fall aber, wenn die Stände zwar die bundesmäßige Verpflichtung im Allgemeinen anerkennen, jedoch einzelne von der Regierung zu genügender Erfüllung dieser Bundespflicht als nothwendig verlangte Geldleistungen aus dem Grunde verweigern, weil der Bundespflicht auch ohne diese genügend nachgekommen werden könne, hat die betreffende Bundesregierung den speciellen Fall der Bundesversammlung vorzulegen, welche hierüber maßgebend beschließt.

5. Wenn in den, in den Art. 25, 26 und 28 der Schluß-Acte bezeichneten Fällen ein Einschreiten des Bundes zur Erhaltung oder Wiederherstellung der Ruhe und Ordnung in einzelnen Bundesstaaten erforderlich wird, so hat die Bundesversammlung die Ursache der eingetretenen Störung zu ermitteln, und im Fall diese in mangelhaften Bestimmungen der Landesverfassung oder der Landesgesetze gefunden wird, eine Aenderung derselben zu veranlassen.

Gedruckt bei Julius Sittenfeld in Berlin.

www.ingramcontent.com/pod-product-compliance
Lightning Source LLC
LaVergne TN
LVHW042247300926
849161LV00003B/507